향록 스님

with

108 산사 순례
프로젝트

산사 순례는 신나는 수행

향록 스님

· 법보종찰 해인사 정원 스님을 은사로 출가(89년)
· 법전 스님을 계사로 사미계 수지(90년)
· 통도사에서 청화 스님을 계사로 비구계 수지(96년)
· 해인승가대학과 양산대학 보건행정과를 각각 졸업
· 해인사 호법국장 역임
· 전 민주평화통일 자문위원
· 현재 진주 송학사 주지. 사회복지법인 내원 이사
  진주경찰서 경승실장으로 활동하면서
  자비수행과 지역 사회 발전을 위해 정진하고 있습니다.

향록 스님

with
108 산사 순례
프로젝트 산사 순례는 신나는 수행

머리글

2008년 첫 발원으로 시작된 108 산사 순례가 어느덧 8년을 넘어서고 있다.

'108 산사 순례단. 자비회'…
그 이름만 떠올려도 가슴에 시원한 바람이 부는 듯 청량한 느낌이 든다.

순례를 준비할 때면 어린 시절 소풍가는 마음 같다고 할까. 그 천진한 마음이 되살아나 설렘으로 가슴이 뛰는 것은 어쩔 수가 없었다. 버스로 긴 거리를 이동해서 산사에 내리면 그 첫 향기가 폐 속 깊숙이 들어와 그곳의 이야기들을 귓가에서 속삭여 주는 듯했다. 다 함께 기도를 올릴 때면 각양각색의 사람들이 각자의 매력을 뽐내며 꽃으로 피어나는 것처럼 아름답게 보였다.

세상에 기도하는 사람의 모습처럼 아름다운 것은 없을 것이다. 그 간절한 모습 속에는 먹물 옷을 입고 살아온 삶의 보람이 보석처럼 모두 깃들어 있다. 무엇을 더 바랄 것이 있겠는가.

'108 산사 순례단. 자비회'…

함께 순례를 한 그 모든 이들의 마음을 담아서 책을 엮어야겠다고 생각했다. 그 오색 빛깔의 마음들이 너무나 예쁘고 소중해서 기록으로 남기고 싶기도 했

지만, 한편으로는 그 마음들이 모이고 모여서 세상을 밝히는 등불이 될 것임을 확신하기에 '108 산사 순례단. 자비회'의 이야기를 들려주고 싶었다.

　산사를 순례하는 것은 참 자연스러운 공부 방법이다. 깨달음에 대해서 따로 이야기할 것이 없다. 마음을 놓아야 한다고 할 필요도 없다. 그냥 현장에서 보고 듣고 행동하고 느끼는 것, 이 모든 것이 법문이어서 돌아올 때면 신심으로 충만해진 서로를 발견하게 된다.

　부처님의 생애를 보면 부처님께서는 참 유연한 분이셨다는 것을 알 수 있다. 모든 것을 상대편 기준으로 보시고, 그에 맞게 설명도 하시고 수행법도 제시하셨다. 진리의 본질은 예나 지금이나 달라질 것이 없겠지만 진리에 도달하게 하는 방법은 개인마다 시대마다 그에 맞는 기준에 따라서 다 달라져야 하며, 무릇 지금까지도 달라져 왔다. 그것을 늘 고민하면서 새로운 프로그램들을 개발해 가는 것이 우리 같은 수행자의 중요한 역할이라 할 것이다.

　꼭 산사 순례를 해야만 공부가 되는 것은 아니다. 그렇지만 순례를 다녔던 사람들의 마음과 함께하는 것은 매우 큰 공부가 되는 것임은 모름지기 장담할 수 있다. 이야기들이 참 재미있고 풍경들이 참 멋지다. 해보신 분들은 잘 알고 있으리라. 불교 공부가 본래 그렇다. 너무나 재미있고, 너무나 가슴이 벅차고, 너무나 아름다워서 자꾸 좋아하게 되는 그런 묘한 매력이 있다. 산사 순례가 그러한 불교공부의 재미를 느끼기에는 더없이 좋은 것 같다.

일체유심조 …
무엇이든 마음에 있는 것이 이루어진다는 말이다.

불행을 만나는 것도 마음에 있는 불행한 생각이 구체화한 것이고 행복도 진리에 상응한 행복한 생각이 가져다 준 과실이란 말이다. 그러므로 행복한 생각을 계속 지니고 있다는 것은 지금 행복을 찾아가고 있는 과정이고 반대로 자신을 불행하다고 생각하고 그런 생각을 계속 가지고 있는 것은 불행한 생활을 장만하고 있는 것이라 할 것이다. 진실로 마음에 있는 것이 이루어진다.

불법을 믿어 행복하다는 것은 장래 얻어질 수행의 결과가 아니라 지금 당장 가정과 직장에서 일하는 가운데 아주 작은 행복을 느끼는 데 있는 것이다. 그 행복은 얻는 데 있다 하기보다 자비심으로 항상 베푸는 데 있는 것이며, 기본을 나누어 서로가 행복을 만들어 가는 데 있는 것이다. 이것이 참된 행복이다.

우리는 가정과 생활에서 믿음을 실천하여 평화와 행복의 길을 다함께 열어가야 할 것이다.

108 순례를 마치고 염주 한 알을 꿰는 지금, 나는 또다시 새로운 순례를 떠나려 한다. 다시 시작하는 사찰 순례는 좀 더 오랫동안 계속될지도 모르고 내 인생이 끝날 때까지 영원히 지속될지도 모른다.

2016년 송학사 주지 향록 합장

차례

松鶴寺

大寂光殿

대한불교조계종
제12교구 해인사 말사
진 주
송학사

송학사 대중은 모두 한마음으로 행복을 만들어가고 있다.

송학사의 아담한 일주문을 들어서면
산사 같은 포근함이 느껴진다

쉼터같은 푸근함을 머금고 있는 송학사는 경남 진주의 도심에 있다.

도심에 있지만 마치 암자처럼 조용하고 서정적인 절이다. 일주문 밖은 높디
높은 아파트 건물들로 가득하여 복잡한 모습을 하고 있는데에 반해 안으로 들
어오면 전혀 다른 공간이 펼쳐진다. 무릇 엄마의 품과도 같아 마음을 열어 젖
혀 놓고 쉴 수 있는 좋은 도량이다.

도심 가까이에 있으니 언제나 찾아올 수 있다는 것이 장점인데, 암자의 향기
도 느낄 수 있고, 게다가 언제든 주지스님을 만나 따뜻한 차와 커피를 마실 수
있는 여유가 있는 곳이다. 그리고 대웅전 앞마당에 계절마다 피는 향긋한 꽃
봉오리들은 덤으로 얻은 선물과도 같아서 눈과 코와 마음에까지 환희가 넘친
다.

초파일 송학사의 모습

무심당은 언제나 차를 나누며 이야기할 수 있는 편안한 분위기이다.

도량은 그 자체가 부처님 법

송학사의 도량은 현재 진행형이다.

보다 더 좋은 수행 환경을 만들고, 무엇 하나 소홀함이 없이 부처님의 말씀을 전할 수 있도록 변화시키고 있다. 도량을 어떻게 꾸미느냐 하는 것은 예로부터 참으로 중요한 문제 중 하나였다. 이는 도량 자체가 불법을 전하는 매체로서의 역할을 하고 있기 때문이다. 말이나 글은 의도를 드러내고 파악하는 약속된 언어지만 실제로 사람의 마음은 사소한 표정 하나 물건 하나에까지 모든 곳에서 느낄 수 있다. 그러므로 도량의 모든 것을 어느 것 하나 소홀함 없이 부처님의 법에 맞게 꾸미는 것은 불가의 오랜 전통이다.

어느 절에든 들어설 때 마음이 푸근해지는 것을 느낄 수 있는데, 이는 도량에서 부처님 마음을 느낄 수 있도록 각별하게 정성을 들여서 가꾸기 때문이다. 도량에 깃든 공간의 풍광과 내음, 건축물 간의 배치는 그 자체로도 법문이 되어 산사를 찾는 이들의 마음을 풍요롭게 한다.

송학사는 앞으로 계속 완성되어 갈 것이다. 더욱 부처님의 마음을 가까이서 느끼며 교감할 수 있도록 말이다.

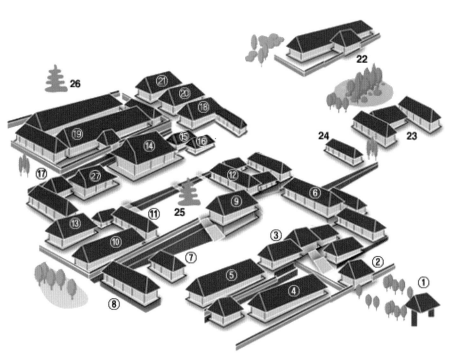

1. 일주문	2. 봉황문	3. 해탈문	4. 우회당	5. 사운당	6. 보경당	7. 종각
8. 청화당	9. 구광루	10. 적묵당	11. 궁현당	12. 관음전	13. 경학원	14. 대적광전
15. 명부전	16. 응진전	17. 독성각	18. 선열당	19. 장경판전	20. 퇴설당	21. 조사전
22. 선원	23. 극락전	25. 정중탑	26. 수미정상탑	27. 대비로전		

법보종찰 해인사의 도량 배치. 부처님 경전을 가장 소중하게 생각한 조상들의 지혜가 담겨 있다.

중요한 것은
도량을 찾는 사람의 마음

도량의 배치나 환경이 공부에 영향을 미치지만 무엇보다 중요한 것은 도량을 찾는 사람들의 마음가짐이다.

어떤 마음을 품었느냐에 따라서 많은 것들을 다른 모습으로 펼쳐지게 한다.

한국 불교의 가르침 속에 스며든 고질적인 문제점은 기복신앙이다. 기복이 꼭 나쁜 것은 아니다. 한국의 험난한 역사 속에서 '복을 빌어주는 행위'를 통해 대중들의 마음을 어루만지고, 현실을 이겨낼 수 있는 힘이 되어 주었으며, 이를 방편으로 바른 공부의 길로 인도해 간 예도 많기 때문이다. 그런데 마음을 기복에 고정시킬 때에 문제가 된다.

분명하게 표현하면 그 누구도 나에게 복을 주는 이는 없다. 모든 복이라는 것은 오직 스스로 만들어내는 것이고 짓는 것이다. 복을 지으면 받는 이치를 깨닫는 것이 부처님의 가르침을 실천하는 진정한 불자인 것이니 자기 마음을 어떻게 쓰는지 잘 살펴야 할 것이다.

절에서는 복을 빌어주는 것이 아니라 복을 받는 방법을 가르쳐 주는 것이고, 그러기 위해서 마음을 어떻게 써야 하는 것인지를 가르치는 곳이다.
그것이 다른 종교와의 크나큰 차이점이고, 부처님의 지혜가 빛을 발하는 대목이다.

1. 부처님 오신 날 법요식 중인 송학사의 대웅전 앞
   복을 짓는 것은 마음에서부터 시작되는 것이다

2. 간절히 기도하는 마음에 모든 것이 다 들어 있다

복은 받는 것이 아니라 짓는 것

정초에 절에 와서는 노보살님들이 "새해 복 많이 받으세요"라는 말과 함께 세배를 한다.

참 아름답고 고운 마음으로 하는 말이다. 하지만 나는 그때 "그런 말씀하시려면 절에 오지 마세요"라고 퉁을 주곤 하였다. "복을 지으라고 해야지 복을 받으라고 하면 됩니까?"라고 하면서 말이다. 물론 조금 심하다고 느낄 수도 있겠지만 그렇게 해야만 마음과 자세가 달라질 수 있다.

절은 복을 비는 곳이 아니라 복을 지음으로써 받는 이치를 가르쳐 주는 곳이다. 복을 지으려면 어떻게 해야 할까. 그것은 부처님께서 아주 분명하게 말씀하셨다.

"자신이 한 번 더 누군가에게 베풀어야 한다."

다시 말해서 전생의 빚을 갚는다고 생각하고 살아야 될 것이다.

이것은 소위 '법칙'이다. 주는 것만이 진리이다. 그래야만 세상이 나에게 마음의 문을 연다.

진주에서는 꽤나 알려진 위치에 있는 사람들 중에 절에 와서까지 대접을 받으려는 사람들이 있었다. 이들은 경제적으로 절에 기여하는 바가 다소 크므로 타인이 자신의 행적을 알아주기 바라는 마음이 있어서였으리라. 이런 태도에는 매우 냉정할 필요가 있다. 스스로 베풀었던 아름다운 마음을 스스로 없애 버리는 것이기 때문이다. 부처님께서는 어떻게 베풀어야 하는지 분명하게 말씀하셨다.

"베풀었다는 생각도 하지 말아라"

이는 참 쉬운 이야기이다. 나라면 베풀었다고 대접 받으려는 사람을 대접하겠는가 아니면 베풀었다는 생각도 없이 베푼 사람을 대접하겠는가.

장사를 해도 사람들이 마음을 열어 주어야 하고, 정치를 해도 사람들이 마음을 열어 주어야 하는 것이다. 내가 베풀었다는 생각을 갖는 순간 무엇인가 보상을 받으려고 하고, 보상을 받으려는 그 마음이 다른 이들의 마음을 닫게 하는 것이다. 그러니 부처님의 말씀은 참으로 진리이다.

아무런 상(相)을 내지 않고 성실히 기도하는 시장의 소상공인들의 손을 잡아주었다. 그러한 마음이 절을 발전시키는 마음으로 이어졌다. 당장의 경제적인 것은 중요한 것이 아니다. 지금 그들이 얼마나 송학사를 잘 이끌고 있는지를 보면 마음의 중요성을 더욱 깊이 느낀다.

간절한 마음은 모든 이들의 마음을 움직인다

원칙을 지키면 모두가 편하다

송학사에서는 기도 시간에 1분만 늦게 도착해도 법당에 들어오지 못하고 마당 신세를 지게 된다. 마당에서 기도를 하고 싶지 않다면 제 시간보다 일찍 오거나 맞춰서 들어와야 한다. 헐레벌떡 뛰어와서 흐트러진 마음으로는 다른 사람에게도 방해가 될 뿐만 아니라 자기 자신도 기도에 몰입할 수 없기 때문이다.

서로를 위한 원칙이라 할 수 있는데, 이 원칙에 대해 불평하는 이는 없다. 불편한 규제가 아니라, "뭐 이렇게까지 하십니까." 내지는 '1분인데, 난 괜찮겠지'라는 생각이 오히려 불편한 상황을 낳게 하는 것이다. 원칙대로만 하면 서로가 자유롭다.

이처럼 몇 가지의 까다로운 원칙을 만들어 신도들에게 지키게 하고 있는데, 불편할 것 같지만 지금까지 어느 누구도 그 원칙에 불만을 품지 않는다. 지키기만 하면 서로가 편하다는 것을 알기 때문이다. 오히려 이를 알고 있는 신도들은 가족적이고 화목한 절의 구성원이 되었다.

1. 송학사 불전에 공양을 올리고 있다

2. 순례에 함께한 상좌 명법 현법 스님

3. 송학사 대웅전에서 사시기도를 모시고 있는 주지스님과 신도님들

부처님의 법은 현실

부처님의 법은 이렇듯 아주 현실적이면서도 분명한 결과를 보여준다.

이를 실천하고 눈으로 확인한 불자들은 사회에 나가서도 많은 문제들을 해결하면서 행복을 만들어 가는 사람이 될 수 있다. 부처님의 발걸음이 닿는 곳마다 연꽃이 피었던 것처럼, 그들이 행복의 충만함을 느끼고 나누면서 걸어가는 길 위에 연꽃이 피어나게 될 것임을 나는 안다.

주지실에 있는 동자승 - 이렇게 천진하게 편안할 수만 있다면...

예불 중인 송학사 - 부처님의 빛이 대중을 비추고 있다

교육이 최우선

다과상에 함께 내어 준 센스 만점의 꽃꽂이
- 여러 사람의 마음을 기쁘게 한다

절에서 무엇보다 우선시 되어야 할 일은 신도 교육이다.

배우지 아니하고는 어느 것 하나도 제대로 행할 수 없다. 모르면 알려줘야
한다. 나는 스님의 역할을 신도 각자가 갖는 현재 마음의 위치와 이를 행할 때
보이는 잘된 바와 잘못된 바를 분명하게 가르쳐 주고, 선을 그어 주어 이롭게
삶을 영위해 나가도록 하는 것이라 여긴다.

특히 현대에는 삿된 것들이 많기 때문에 더욱 교육이 중요한 때이다. 부처님
의 정법을 적극적으로 가르쳐야 하며, 이를 그대로 실천할 수 있도록 이끌어
야 한다. 그리하여 부처님의 말씀이 참으로 옳음을 깨닫고 스스로 체험할 때
비로소 마음으로 불자의 삶을 꾸려나갈 수 있다. 나는 절에서 한 사람이라도
더 부처가 될 수 있도록 끊임없이 바른 교육에 힘써 나갈 뿐이다.

송학사 대웅전에서 간절히 기도하는 보살님들
- 기도하는 모습은 언제나 아름답다

24시간 문은
열려 있고

의사가 어떻게 환자를 치료할 수 있을까?
그것은 환자가 의사를 찾아와서 아프다고 이야기하기 때문이다.

그러면 의사가 환자를 치료할 때의 최선의 방법은 무엇일까?
그것은 환자의 이야기를 잘 듣고 그에 맞는 처방을 내리는 것이다.
이 원리는 절에서도 똑같이 적용된다. 먼저 절의 담장을 낮춰 누구든지 언제나 절을 찾아와 이야기를 나눌 수 있도록 해야 한다. 찾아와서 만나야 어떻게든 길을 모색하는 것이 시작될 수 있기 때문이다.

송학사는 24시간 문을 잠그지 않는다. 법당의 문도 항상 열어 둔다.

새벽 3시든 4시든 구애됨 없이 기도나 상담을 하러 오라는 뜻이다. 부처님께서는 항상 상대편 기준에서 말씀하시고 수행지도를 하셨다. 기도하는 사람의 기준으로 보면 언제든 절의 문은 열려 있기를 원할 수 밖에 없다. 가끔은 도둑이 들어 난처할 때도 있었으나 괴로워할 필요는 없다.

본래 내 것이 아니었을 뿐더러, 훔쳐간 사람은 필요에 따라 요긴하게 썼을 것이다. 다만 그 도둑의 마음이 괴로울 것이 뻔하여 안타까울 뿐이다.

송학사의 문은 항상 열려 있다

물을 항상 열어 두는 것처럼, 법문 또한 어렵지 않게 들려 주고자 한다.

신도들에게 법문에 대한 흥미를 높이고 일상에서 쉽게 실천할 수 있도록 생활 법문을 하고 있다.

부처님은 참으로 현실적인 분이셨다. 삶 속에서 벌어지는 문제들을 그 안에서 원만하게 해결할 수 있도록 법문을 통해 아주 구체적이고 자세하게 알려 주셨다. 부부관계에서 비롯되는 문제는 서로를 바라보는 이해심으로, 경제논리에서 발생되는 비약적인 현상은 크거나 혹은 작은 시장의 원리를 경계하는 자비심으로, 죽음과 삶의 영위에 대한 관념적 불안은 한 순간마저 툭 내던질 수 있는 자유로움으로 이끌어 주신다.

이같이 행하신 부처님의 일들은 경전 속에 기록되어 있다.

사람들에게 가장 많이 받는 질문 중 한 가지는 어떻게 하면 돈을 벌 수 있냐는 것이다. 사실 이것은 참 간단하다.

다만 스스로를 낮추는 하심(下心)으로 살아갈 수 있다면 물이 높은 곳에서 낮은 곳으로 흐르듯 돈이 다른 곳에 고이지 않고 당신에게로 흐르게 될 것임은 당연하다.

스님들이 절을 운영하는 원칙도 하심이다. 나의 상을 내지 않고 상대의 이야기를 끝까지 다 들어주기만 하여도 상담의 90%는 완성된다.

스스로를 내려놓지 못하고 고집을 부리면 힘이 들고 그로 인해 고(苦)가 시작된다. 그래서 불교 공부를 하는 것이다.

절은 하심의 시작이다

한 송이 연꽃처럼

아름다운 연꽃
- 불교의 교리를 그대로 보여주는 꽃이다

불교의 가르침을 그대로 실천하려면 어떻게 살아야 하겠는가?

흙탕물이 가득한 연못 속에서 피어오르는 '연꽃'처럼 살아가면 된다. 우리가 일상에서 한 떨기 연꽃처럼 산다는 것은 어떠한 의미를 갖는가. 불교를 상징하는 연꽃은 법문을 그대로 옮겨 놓은 것과 같다. 진흙 속에 뿌리를 내리고 물속에서 자라면서도 물에 젖지 않고, 허공에 잎과 꽃이 맺히게 한다. 뿌리부터 열매까지 모두 나누어 그 쓰임이 이로운 데다, 독성이나 부작용을 일으키는 성분도 없어 두루 원만하다.

언제 어디서나 누구하고든 함께 어울려 살아가면서 깨달음의 꽃을 피우고, 많은 이들과 정(情)을 나누며, 그렇게 한없이 자신과 타인에게 베풀어야 행복해진다는 것을 연꽃은 많은 이들에게 전하고 있는 것 같다.

깨달음의 소식을 전하려는가
- 송학사 지붕에 온 손님

36 　　　　　　　　　　　진주 송학사

108
산 사
순례단
자비회

속화사108순례단

108 산사 순례단 자비회 회원들의 간절한 기도 모습

도심 사찰의
아쉬움

언제든 쉽게 찾아와서 상담하고 기도할 수 있는 도심의 사찰은 생활 불교의 실천 도량이 되어준다. 그에 반해 깊은 산속에 있는 산사의 시원한 바람과 고요한 에너지를 느끼기에는 부족하다. 좀 더 깊은 수행을 위해서 마음 한편에 산사에 대한 그리움 같은 것이 있다. 그런 아쉬움은 나에게도 있었다.

실제 도심에 사는 현대인들이 규칙적으로 산사를 찾는 것은 참 어려운 일이다. 막상 가려고 마음을 먹더라도 어디를 가야 할 지 막막하고, 어느 사찰을 정했다고 하더라도 낯선 절에 들어가서 예불을 모신다는 것 또한 쉽지 않은 일이다.

이러한 여러 아쉬움을 해결하고, 새로운 수행의 분위기를 만들기 위해서 한 달에 한 번씩 직장인을 배려해서 주말에 산사를 찾아가서 예불을 올리고 자기 자신의 진실된 마음을 찾아 보는 프로젝트를 만들어 보기로 하였다.

산사를 걷는 그 마음이 바로 수행일 것이다

　선재 동자가 52선지식을 만나듯, 그렇게 산사를 찾아가서 한곳에서 한 가지
씩만 배운다고 하더라도 큰 공부가 될 것이라 생각했다. 그리고 나도, 신도들
도 무척 재미가 있을 것 같았고, 또 다른 신세계의 체험에 기대가 되었다.

또 다른 마음 공부

부처님 전에 올릴 난초를 들고 즐거워하시는 정현지 보살님 - 신나는 수행을 제대로 즐기고 계시다

산사 순례의 목적은 분명하다. 마음 공부를 하기 위함이다.

전통적인 불교 수행에는 여러 가지가 있다. 참선, 염불, 경전공부, 문답, 화두 등, 각자의 수준과 여건에 맞게 스님들이 지도를 한다. 현대인들에게는 산사 순례가 좋은 수행 방편이 될 것으로 보였다.

새로운 절을 찾아가서 그곳의 향기와 이야기를 느껴보는 여행이니 무척 흥미로울 것이고, 출발할 때부터 돌아올 때까지 오롯이 기도하는 마음을 유지할 수 있으니 하루를 온전하게 부처님의 마음 안에서 보낼 수 있게 된다. 세속의 삶을 살고 있는 사람들에게 실제로 그 정도 밀도 있는 수행을 하도록 하는 것은 결코 쉽지 않은 일이다.

변화를 기대하려면 무슨 일이든 꾸준하게 해야 한다. 매달 한 번씩 행랑을 꾸려 여행에 몸을 싣는 것은 작은 일로 볼 수 있으나 10년 가까이를 지속한다면 자기도 모르는 사이에 달라진 자신을 어느 날 문득 알아차리게 되지 않을까.

이것은 꼭 해야만 하는 것이었다. 얼마나 신나는 일인가.

출발 전부터 순례하는 마음을 다듬고 있는 관음화 보살님 - 이것이 진정으로 순례하는 마음이다

준비는 철저히

신도들과 의논한 후에 매달 1회씩 108곳의 산사를 순례하기로 하였다. 목표를 세웠다면 이에 응당한 계획을 철저히 세워야 한다.

순례단의 이름을 "108산사 순례단 자비회"라 명명하였다. 매달 1회씩 108곳을 가려면 9년이란 시간이 걸리는 대장정이다. 임원진을 선정하고 순례 인원도 108명을 모으기로 결정하고, 타고 다닐 버스도 입찰제로 운영하기로 합의한 후 순례할 사찰의 목록을 만들었다.

새벽 6시 순례의 출발을 기다리는 버스에서
긴장감이 느껴진다

긴장된 모습으로
순례를 준비하는 1조 조장 여래심 보살님

처음 시작할 때 108명을 모집하였는데, 그보다 훨씬 많은 인원들이 지원했다. 너무 많은 사람이 함께 움직이는 것도 기동성이 떨어지고 사람들이 늘었다 줄었다 하는 것도 좋지 않아서 버스 3대만 움직이는 것으로 확정지었다. 그 대신 3번 이상 불참할 경우에는 자동으로 탈락되며, 그 자리에는 새로운 이가 들어올 수 있도록 하였다.

　　당장 버스의 수를 늘려서 많은 사람들이 참여하는 것도 좋겠지만 꾸준한 것이 더 중요하다고 보았다. 꾸준하고 일관성 있다는 것은 모든 것들이 잘 돌아가게 하는 원동력이기도 하다.

버스 3대는 108회 동안 변함없이
어여하게 움직일 것이다
그 속에 타고 있는 순례자들의 마음도
그렇게 어여할 것이다

규칙을 지키는 것은
수행의 시작

프 로젝트를 같이 수행하면서 공동체가 지켜야 할 규칙이 있다.

기도시간의 1분 지각을 허용치 아니한 것처럼 순례 버스도 마찬가지다. 정해진 시간에서 1분이라도 지나면 냉정하게 버스 문을 닫아버리고 출발한다. 한 사람의 1분이 100사람이면 100분인 것이다. 그렇게 시간을 중요하게 생각하는 것부터가 수행이다. 모든 문제는 그 1분을 가볍게 생각하는 데에서부터 시작된다. 무엇이든 간절하게 하려는 사람을 관찰해 보라. 그의 시간을 얼마나 귀하게 쓰는지... 복은 그렇게 지어가는 것이다. 그것이 부처님의 가르침이다.

자비회의 순례 버스는 그렇게 항상 약속된 시간에 정확하게 출발하기로 했다. 그것은 8년이 지난 지금까지도 변함이 없다. 그리고 이제는 모두 그것을 매우 편안해 한다.

스님의 설명을 듣고 있는 108산사 순례단 자비회
- 지킬 것을 지키면 자유롭다

본래 기다리는 사람들의 마음이 더 안타까운 것이다
하지만 냉정한 것이 더 자비로운 것임을 알아야 한다

예불이 중심

108산사 순례단 자비회는 예불이 그 중심에 있다.

당해 사찰 도착 시간을 사시 예불에 맞추는 것 또한 순례의 기본이다.

도착하면 약 2시간 동안 사시예불과 108배 참회를 함께한다. 사찰의 유래와 문화 해설도 듣고 주지스님의 법문도 듣고, 공양도 하고, 사찰을 둘러보는 시간 외에 탑돌이도 하고, 개인 수행도 하며 약 4~6시간을 머문다.

그러니 그냥 여행으로 성지 순례를 하는 것과는 그 깊이가 다르다 하겠다.

모든 일정을 마치고 나면 순례를 인증하는 당해 사찰 직인을 찍고 염주 한 알을 나누어 준다. 그렇게 108 염주가 모이면 세상에 단 하나뿐인 염주가 만들어진다. 그 사람에게는 참으로 귀한 선물이고 유산이 될 것이다.

산사 순례는 예불이 그 중심에 있다

1. 순례단의 예불에 쓰이는 법요집
2. 법요집에 낙관을 찍어서 순례에 참여했음을
   기록으로 남긴다
3. 순례 사찰 이름이 새겨진 염주 한 알 한 알이 모여 108 염주가
   만들어지리라

당해 사찰 인증 도장을 찍고 염주를 나주어 준다

인연을 맺어 주는 것

108 산사 순례를 하는 목표는 수행의 방편이기도 하지만 참여하는 많은 이들이 많은 절들과 인연의 씨앗을 만들기 위한 것이기도 하다. 그렇게 쌓인 인연은 어느 날 문득 깨달음의 꽃을 피워서 지혜의 길에 서 있도록 해 줄 것이다. 그런 인연을 맺어 주는 것 또한 이들과 함께하는 나의 역할이라 생각한다.

낙관을 준비하는 3조 조장 마하연 보살님 - 순례 때면 언제나 한결같은 모습이다

자비회는 봉사회

진주교육청과 함께 문화 현장 체험학습을 진행하여 통도사를 찾았다 - 천진보살들의 모습이 싱그럽다

산사 순례를 다니며 수행을 해서 배우는 것은 무엇일까?

그것은 내가 먼저 나를 낮추고 내가 먼저 베풀면 나도 행복하고 세상도 행복하다는 것이다. 108산사 순례 자비회는 순례를 위한 모임이지만 부처님의 자비를 실천하고 보시바라밀을 행하는 순례단이기도 하다.

회원이 150여 명이 넘으니 조금씩만 서로 정성을 모으면 꽤 큰 일을 할 수 있다. 그래서 임원진들과 의논하여 진주 교육청과 함께 장학 사업을 하기로 하였다. 장학금도 지급하고, 책걸상도 보내고, 산사순례에 아이들도 참여시켜서 뜻 깊은 일들을 만들어 갔다.

삶의 행복이라는 것이 무엇일까? 열심히 노력해서 어떤 멋진 결과를 얻는 것이기도 하겠으나, 삶의 그 과정이 행복한 것이 아닌가 한다. 수행하고 봉사하는 그 과정 자체가 바로 큰 행복인 것임을 우리 자비회는 스스로 배워가고 있는 것이다.

문산초등학교에 사랑의
책걸상 전달

집에 책걸상을 지원 받은 한 학생이
교장선생님께 쓴 편지
- 아이의 마음이
참 예쁘다

TO. 교장선생님
께

교장선생님 안녕하세요.
저는 3학년 3반 김아라라고 해요
저희집이 주택인데다가 방이
2개라 집이 좁아서 공부할 책
상이 없거든요 그래서 누워서 숙제
하고, 공부를 하니 너무 불편했었
는데 이제는 책상이 있으니 너
무 편해요^^~ 어젯밤에 책
상 방으로 옮긴다고 밤 11시에 잤
어요. 지금은 컴퓨터 책상이랑
공부하는 책상으로 같이 쓰고 있어
요. 지금도 책상에서 편지쓰고 있구
요등등~ 교장 선생님 감사합니다^^
책상 오래 쓸께요^^   아라올림
2012년 10월 17일 수요일

1.

불보종찰

영취산
통도사

모든 것의 중심은 부처님이다

부처님이 최우선 … 조계종의 24교구본사를 먼저 순례하기로 정하고 첫 번째 순례지로 선택한 곳이 양산 통도사였다. 순례 순서를 정하는 것은 어렵지 않았다. 우리가 함께 공부하는 인연의 출발점은 부처님이시고 모든 공부의 시작과 끝도 부처님이시다. 그러니 부처님의 진신사리를 모신 불보종찰 통도사를 제일 먼저 방문하는 것은 너무나 당연해 보였다.

첫 순례의 아침 … 108 산사 순례의 대장정이 시작되는 첫날의 아침이 밝았다.

평소보다 일찍 눈을 떴다. 오늘을 위해 얼마나 많은 준비를 했던가. 마음은 이미 통도사에 가 있지만 제일 먼저 부처님을 뵙고 감사 기도를 올렸다.

'추위가 뼈에 사무치지 않으면
코 찌르는 매화 향 어찌 얻을까' 라는
황벽 스님의 말씀을 새기며
첫 순례의 발걸음을 시작했다.
새 가방, 새 책, 도시락, 방석 등을 챙겨 들고
1, 2, 3호 차에 힘차게 오르는 도반님들 모습이
부처님 얼굴이 아닌가 싶었다.'
- 3조 마하연 보살 후기 中에서 -

함께하는 사람들의 수행하려는 마음이 이러할 것이다. 바로 그 마음이 불성인 것을 알게 하시려고 부처님께서는 얼마나 노력하셨던가. 산사를 순례하는 그 한 걸음 한 걸음이 깨달음이고 행복인 것을 우리 108 산사 순례단 자비회 모두가 함께 깨우쳐 가기를 마음속으로 간절히 기도해 보았다.

부처님의 진신사리가 모셔진 통도사의 금강 계단

통도사를 알려주는 이정표 … 고속도로를 신나게 달린 버스에서 통도사의 이정표가 보였다.

　길을 잘 찾아오라고 세우는 이정표는 길에만 있는 것이 아니다. 옛 선사님들께서는 수없는 이정표를 세워 두었고 그것들은 모두 한곳을 가리키고 있다.

　부처님 법이 이정표가 아닐까 싶다.
　그 이정표를 따라서 사는 것이 불자의 삶 아니겠는가.

　이정표를 따라서 버스는 통도사 입구에 안전하게 도착하였다. 통도사 입구에서 임원진들을 소개하고, 순례에 대한 간단한 설명을 하였다. 여기서 필요 이상으로 길게 이야기할 필요는 없다. 이제 통도사가 많은 이야기를 해줄 것이기 때문이다. 각 조별로 깃발을 세우고 두 줄로 서서 경내로 들어갔다.

통도사 IC를 놓치지 않도록 한 이정표가 반갑다

통도사의 시작을 알리는 영취산문 - 이곳이 매표소이다

1. 산문(해탈문)에 영축총림이라고 써 있다
    총림은 강원, 선원, 율원, 염불원을 갖춘
    사찰을 의미한다

2. 일주문
    흥선대원군의 글씨이고
    영축산 통도사라고 써 있다

대단한 통도사의 위용 ··· 통도사의 위용은 대단하다.

영남 알프스라 불리는 영취산의 위용도 그러하고, 역대 선지식들의 위용도 그러하고, 웅장한 도량의 위용도 그러하고, 학인 스님들의 공부 열기 또한 그러하다. 역시 부처님의 진신 사리를 모시는 공덕은 그 끝을 알 수 없으며 앞으로도 무한할 것임을 새로이 느끼게 되었다.

영남 알프스라 불리는 가지산, 신불산, 영취산으로 이어지는 능선이 힘차다

일주문에 들기 전에 만난 부두원 - 많은 선지식을 배출한 통도사의 위용을 느낄 수 있다

108 산사 순례 자비회를 상징하는 듯한 통도사의 반야용선

극락으로 가는 반야용선 ⋯ 산문(해탈문)과 일주문을 지나고 천왕문의 사대천왕님께 눈인사를 하고 통도사의 앞마당에 들어서니 바로 앞에 아미타 부처님을 모신 극락보전이 있었다. 극락보전의 뒤쪽 벽에 그려져 있는 반야용선을 보는 순간 눈이 확 밝아지면서 너무나 기쁜 마음이 들었다.

반야용선은 지장보살님께서 노를 저으시고, 인로왕보살님께서 여러 중생들을 태워 극락으로 가는 배이다. 그 그림을 보는 순간 우리들이 타고 온 버스가 반야용선으로 보였다. 마음을 내어서 타기만 한다면 우리는 바로 극락으로 들어서는 것이다. 산사 순례의 첫날 첫 순례지에서 본 첫 그림이 반야용선이라는 것에서 역시 부처님은 멋진 분이라는 생각과 함께 가슴이 벅차올랐다. 앞으로의 여정이 모두에게 행복한 순례 여행이 될 것이라는 것과 그리고 함께한 모두가 멋진 깨달음의 세계에 들 것이라는 기대 때문이었으리라.

통도사를 지키는 4대천왕 - 우리들 마음에도 4대천왕을 두어야 한다

반야용선

아름다운 건물들을 뒤로 하고 … 바로 금강계단의 대웅전으로 올라 사시
예불을 보았다. 마치 부처님을 친견하는 듯 장엄한 분위기의 멋진 예불이었다.

반야용선이 그려져 있는
극락보전의 뒷모습

금강계단

금강계단의 대웅전에는 방향에 따라 다른 현판이 있다. 동쪽에는 대웅전, 서쪽에는 대방광전, 남쪽에는 금강계단, 북쪽에는 적멸보궁이라 써 있다

적멸보궁이 그렇듯이 본존불은 없고 가운데 창이 있어, 부처님 사리탑을 볼 수 있도록 되어 있다
스님들의 수계식이 이곳에서 이루어진다

1. 금강계단의 앞쪽에 돌로 된 문이 있다
   조각이 아름답다
2. 부도를 당겨서 보면 표면에 조각된 그림이 보인다
3. 금강계단의 벽면에 조각된 부처님들

1. 금강계단의 사방에는 각 방향마다
   이러한 석등이 있다

2. 석등에 조각된 부처님의 모습이 참 정겹다

불보종찰 영취산 통도사

3

4

5

3. 화려하게 아름다운 대웅전의 천장

4. 용 그림이 있는 부분을 확대해 보았다
   너무 아름다워서 한참을 보고 있었다

5. 감탄하지 않을 수 없는 대웅전의 천장 무늬

지혜로운 이의 행복을 위한 삶 ··· 통도사 주지이신 정우 스님께서 직접
법문을 해주셨다. 주지스님의 법문 내용을 옮겨본다.

통도사 주지이신 정우 스님

불법승 삼보의 믿음은 도의 근원이고,
그로부터 나오는 공덕은 도의 어머니이며,
정진한다는 것은 진지한 삶을 의미한다.

세상에는 항상 두 부류의 사람이 있다.
지혜로운 사람과 어리석은 사람이다.
지혜로운 사람은 스스로의 삶을 조건 없이 살 줄 안다.
그런데 어리석은 사람은 그냥 무조건 산다.

우리는 지혜로운 사람이 되기 위해서 불법을 공부하는 것이다.

믿음을 가진 사람들도 두 가지 유형이 있다.
절에 오는 사람과 오지 않는 사람
절에 오는 사람도 두 가지 유형이 있다.
예배를 하는 사람과 하지 않는 사람

법문을 듣는 사람도 두 가지 유형이 있다.
지극히 듣는 사람과 건성으로 듣는 사람
지극히 듣는 사람도 두 가지 유형이 있다.
이웃을 생각하는 사람과 자기만 생각하는 사람

지혜로운 사람은 행복을 추구하는 것이다.
구체적인 목표가 있고 그것을 위해서는 이웃도 챙기고,
맑은 마음으로 조건 없이 살아야 하는 것임을 안다.
그렇지만 어리석은 사람은 조건 없이 산다는 것을
무조건 사는 것으로 착각한다.

바른 신행을 실천으로 보여 주는 자비회 회원님들

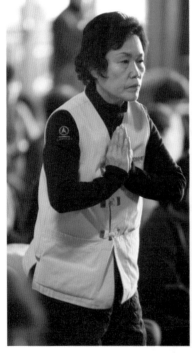

바른 신행을 강조하신 주지스님의 법문은 산사 순례의 목표가 무엇인지를 더욱 분명하게 보여 주셨다.

108 참회문을 읽어 내려가며 한 배 한 배 오체투지로 참회하고, 감사하고, 발원하는 기도는 모두의 가슴을 뭉클하게 했다. 기도 후 공양주 보살님께서 정성스럽게 만들어 주신 반찬과 밥으로 공양을 하였다. 통도사의 기운을 받아서인지 꿀맛이었다.

자유로운 점심시간은 언제나 즐겁다
통도사는 멋진 계곡으로도 유명하다

학인 스님으로부터 사찰 안내를 받고 있다

9룡을 물리치고 … 공양 후에는 사찰 안내가 시작되었다.

　많은 인원이지만 귀 기울여 설명을 듣고 메모를 하는 신도님들의 모습이 새로이 공부를 시작하는 학생들의 모습 같았다.

　자장율사께서 아홉 마리의 용에게 법문을 하여 물리치시고 연못이었던 그곳에 부처님의 진신 사리를 모시는 금강계단을 세우셨다고 한다. 그 중 한 마리의 용은 자장율사의 뜻을 따르겠다고 하여 구룡지라는 연못에 남아서 살게

금강계단을 등지고 오른쪽에 있는 구룡지 - 구룡 중 한 마리가 살고 있다고 전해지며 아무리 가물어도 수량의 변화가 없다고 한다 자세히 보면 물이 흐른다는 것을 알 수 있다

되었다는 창건 설화가 전해진다. 그 아홉 마리의 용은 탐·진·치의 삼독과 안·이·비·설·신의 육근을 상징하는 것이 아닐까… 하는 나름대로의 생각을 해보았다.

우리도 아홉 마리의 용을 물리치고 그곳에 부처님을 모시는 금강계단을 세울 수 있어야 하리라.

응진전(나한전)

　나한은 아라한(阿羅漢)을 일컫는 말이다. 아라한은 깨달으신 분을 의미하는데 응진전은 부처님의 제자 16분을 모신 전각이다. 자유로운 나한의 모습은 참 친근해서 우리가 공부하여 닮아 가야 할 모습으로 다가온다.

대웅전의 서쪽에 16나한을 모시는 응진전이 있다 - 응진은 진리에 응하여 남을 깨우친다는 뜻이다

응진전의 외벽에 그려진 달마도 - 달마와 제자가 마주하고 있다

1. 응진전의 주불
2. 16나한과 범천과 재석천
3. 힘찬 모습의 금강역사
4. 자유자재한 나한의 모습

명부전(지장전)

　명부전은 저승을 상징한다. 지장보살을 본존불로 모시고, 염라대왕을 포함한 시왕(十王)을 모시는 곳이다. 명부전에서 재를 모시게 되는 까닭은, 지장보살의 자비를 빌려 시왕의 인도 아래 저승의 길을 벗어나 좋은 곳에서 태어나게 하고자 하는 데 있다.

명부전에 모셔진 지장 보살. 그 모습이 당당하시다

특이하게도
명부전의 천장에
삼국지 그림이
그려져 있다

제갈공명이 성 위에서
거문고를 켜고 있다

세존 비각

금강계단을 만들고 부처님의 사리탑을 세우면서
그 내용을 자세하게 기록한 비석을 세웠다

부처님 사리에 대한 기록

1. 세존비각 현판
2. 지붕 아래 용이 비석을 지키고 있는 듯하다

개산 조당

개산조당은 자장율사의 진영이 모셔진 해장보각을 품고 있다

해장보각 외벽에 그려진 까치 호랑이 벽화

1. 해장보각에는 여러 경전과 함께 통도사의 창건주인
   자장율사의 진영이 모셔져 있다

2. 통도사의 창건주 자장율사의 진영
3. 해장보각에 모셔진 대장경
   - 대장경이 바닷속의 수많은 보배라는 뜻으로
     해장보각이라 하였다

대광명전

대광명전 - 최근에 보물로 지정되었고 비로자나불을 모시고 있다

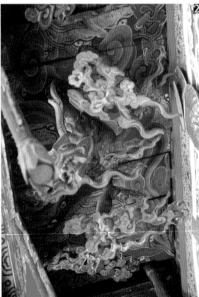

1. 청정 법신 비로자나불
   - 우리 모두는
     비로자나불이다

2. 비로자나불 위의 용
   - 조각이 매우 섬세하다

용화전

용화전 - 미래의 부처님이신 미륵 부처님을 모신 전각이다
용화전 앞에 있는 봉발탑은 미래에 출현하실 부처님께 드리기 위한 가사와 발우를 받들어 둔 곳이다

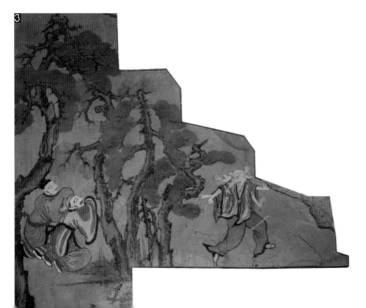

3. 용화전의 벽에는
대표적인 불교 소설인
서유기가 그려져 있다

관음전

관음전 - 용화전 앞에 있으며 관세음보살을 모시는 전각이다

관음전의 벽화

관음전에 모셔진 천수천안 관세음보살
- 천 개의 손과 천 개의 눈으로 중생의 괴로움을 구제하고 왕생의 길로 인도하는 보살님이시다.

영산전

영산전은 석가모니께서 법화경을 설하신 영축산을 사찰 내에 옮기고자 한 것이다
- 영산전은 보물로 지정되었다.

1. 영산전에 벽화로 그려진 다보탑
   - 법화경의 내용을 그림으로 그렸다

2. 영산전에 석가모니 본존불 후불
   탱화로 모셔진 영산회상도
   - 부처님께서 법화경을 설하시는 장면

3. 영산전 현판

영산전의 팔상도

 영산전에 모셔진 팔상도는 부처님 일대기를 표현한 8편의 그림으로 역사적으로나 예술적으로나
매우 중요한 작품으로 평가된다. 부처님 일대기는 불교 공부의 거의 전부라 해도 과언이 아니다.

부처님의 일대기에 대해서 좀 더 자세히 살펴보기로 하자.

1. 도솔래의상(兜率來儀相) : 도솔천에서
   흰코끼리를 타고 내려와
   마야부인의 몸에 잉태되는 내용
2. 비람강생상(毘籃降生相) : 태자가 탄생하는
   내용. 태자를 하얗게 그렸다
3. 사문유관상(四門遊觀相)
   : 노인과 병자와 죽은자와 사문을 만나는 내용
4. 유성출가상(踰城出家相)
   : 궁을 버리고 출가하는 내용
5. 설산수도상(雪山修道相) : 십 년 간의 수행 내용
6. 수하항마상(樹下降魔相)
   : 온갖 마중을 항복받고 별을 보고
    깨달음을 얻는 내용
7. 녹원전법상(鹿苑轉法相)
   : 깨달음을 이루신 후에 녹야원에서
    설법하시는 내용
8. 쌍림열반상(雙林涅槃相) : 구시나가라
   쌍수림 아래서 열반에 드시는 내용

가장 귀한 자리에서 깊은 인연을 맺는 탑돌이

탑돌이 ··· 주지스님의 배려로 금강계단에서 탑돌이를 하였다.

아마도 일생에 가장 깊은 인연이 아닐까. 탑돌이를 하는 보살님들 한 분 한 분의 표정이 모두 진지하였다.

아쉬움을 뒤로하고 … 통도사 글이 새겨진 염주 한 알씩을 나누어 주고 첫 낙관을 찍어 주었다. 108개의 염주가 쌓이고 108개의 낙관이 모두 찍히면 일 생에 그보다 더 좋은 선물이 있을까. 첫 순례라서 조금은 분주했지만 모두 행 복한 모습으로 환한 미소를 머금고 진주로 돌아왔다. 마음들도 좀 비워졌으리 라.

　통도사의 규모는 너무나 커서 하루 만에 모든 것을 보는 것은 불가능해 보였 다. 첫 인연을 맺었으니 언제든 또 찾아와서 못다 한 아쉬움을 풀어낼 수 있을 것이다.

아름답기로 유명한 통도사의 홍매화가 첫 순례를 축하하는 듯 인사를 한다

부처님 법은 비로자나불을 깨우치는 데 있고
가장 빠른 길은 계율이다

2.

법보종찰

가야산

해인사

세상을 비추는 마음 ··· 파도 치지 않는 바다를 본 적이 있는가?

마치 장판을 깔아 놓은 듯 작은 움직임도 없는 바다에는 하늘도 구름도 태양
도 산도 있는 그대로 환하게 비친다. 마치 세상의 모습이 바다에 도장처럼 찍
혀 있는 것 같다.

그런데 조금만 바람이 불어서 파도가 일면, 세상을 비추던 모습은 사라지고
오직 파도만이 보인다.

우리들 마음이 이와 같다. 온갖 것들이 마음속에서 파도처럼 일어날 때는 그
것만이 보이고, 그것만이 있는 것 같다. 그렇지만 모든 것들을 내려 놓은 고요
한 적멸의 경지에서는 세상의 모든 것들이 있는 그대로 보이는 것이다. 그 경
지를 해인삼매라고 한다. 두 번째 산사순례 장소인 해인사의 이름에는 이런
의미가 담겨져 있다. 어느 절이든 이름을 예사롭게 짓는 곳은 없지만 해인사
의 이름은 언제 보아도 참 멋지다.

조금만 파도가 쳐도 세상을 비추지 못하고 파도만 보인다

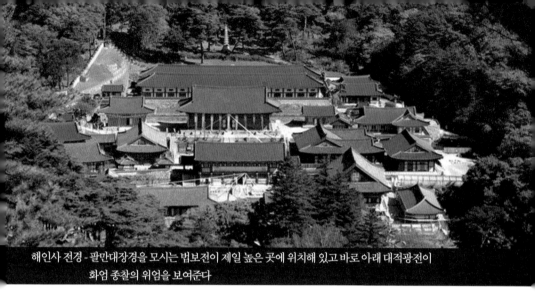

법보 종찰 해인사 … 지난번에 순례했던 통도사가 불보종찰이라고 한다면 해인사는 법보종찰이라고 한다. 불보가 부처님의 보배로움을 상징한 것이라면 법보는 부처님 말씀의 보배로움을 상징한다. 해인사에 모셔져 있는 팔만대장경이 이 법보에 해당된다. 부처님을 마음에 모셨다고 하면 부처님의 가르침을 받아야 할 것이다. 함께하는 모든 이들이 불·법·승 삼보에 귀의하는 마음으로 해인삼매의 경지에 들 수 있기를 꿈꾸며, 89년 출가 당시의 생각에 잠시 과거로 돌아가는 마음으로 산사 순례의 일정을 시작하였다.

해인사 일주문 앞에 도착하여 해인사 강원 학인 스님의 안내를 받고 있다

2013년 해인 아트프로젝트, 현대 설치 미술전으로 세워진 대나무 인간
- 최평곤 작가의 작품으로 제목은 '내가 아닌 나'이다
  내 속에 또 다른 나를 표현하고 있다

대나무 사이로 들여다 보면 또 다른 내가 보이는 듯하다
그래도 속은 비었을 것이다

전통 문화와 현대 미술이 만나는 해인 아트프로젝트 전시 · 기획을 총괄하는 사무국장을 역임하면서 많은 사람들로 하여금 종교를 초월해서 또 다른 해인사를 느낄 수 있는 기회가 되었기에 이 또한 행복이 아닐 수 없었다.

해인 아트프로젝트 작품으로 마치 시간과 공간을 현재에 품고 있는 듯한 부처님의 모습이다
안성금 작가의 작품으로 제목은 '부처의 소리'이다 이 작품에서 묘하게 화엄사상이 느껴진다

천진보살들과 함께 … 108산사 순례 자비회에서는 뜻깊은 일을 계획하였다. 지역의 저소득층 아동 및 청소년들을 지원하는 장학 사업을 하기로 한 것이다. 그중 하나의 프로그램으로 진주 교육청과 연계하여 80명의 학생들과 함께 해인사로 문화 체험을 가는 것이 결정되었다. 그래서 이번 순례에는 버스 2대가 추가로 투입되어 천진보살인 아이들과 함께하는 순례길이 되었다. 아이들의 천진한 마음이 부처님의 마음임을 참 오랜 세월 공부를 하고서야 알았다. 본래는 저렇게 행복한 것임을 우리는 왜 그렇게 모르고 살고 있는 것인지, 부처님의 그 위대한 발견은 참으로 감사한 일이다.

1. 해인사와 함께 그 수명을 다한 고사목 - 이 나무의 마음도 아이들의 마음과 같을 것이다
2. 천진보살들의 행복한 모습

팔만대장경의 세계적인 가치 … 해인사의 팔만대장경은 세계에서 가장 중요한 콘텐츠 유물이다.

그 가치를 어떻게 말로 설명할 수 있을까. 여러 가치를 뒤로하고 무엇보다 중요한 것은, 우리 조상들이 지혜의 보고를 후손들을 위한 보물로 남겼다는 것이다. 넓은 땅이나, 큰 건물, 큰 권력이나 큰 재물을 남긴 것이 아니라 부처님 말씀을 담은 경전을 가장 과학적인 방법으로 가장 귀중하게 다루어서 보존했으니 이것이 가장 중요한 것이라는 무언의 메시지가 아니겠는가. 이는 우리나라 뿐만 아니라 세계의 모든 사람들에게 가장 중요한 것이 무엇인지를 다시 한 번 깊이 생각하게 한다. 한참 학업에 매진해야 하는 학생이라면 해인사는 꼭 한 번은 찾아와서 보아야 하는 이유가 여기에 있다 하겠다. 그 천진한 안목으로 보면 감동이 두 배 세 배 크지 않을까? 그리고 자기 삶을 어찌 살아야 하는 것인지 더 잘 결정하지 않을까 한다.

장경각

장경각 오르는 길 - 연세 드신 분들은 힘겨울 정도로 계단이 가파르다
성스러운 곳에 오를 때 거만하게 뒷짐 지고 오를 수 없이
자연적으로 머리를 숙이고 올라가야 오를 수 있도록 만든
옛 선조들의 지혜를 느낀다

장경각의 담장이 아름답다 - 큰 돌과 작은 돌이 잘 어울려서 더욱 견고하다
마치 우리 사회가 어떤 모습이어야 하는지를 잘 나타내는 것 같다
지혜란 이런 것이다 - 역시 팔만대장경의 담장답다

아름다운 장경각의 입구 복도, 양쪽으로 문이 있고
대장경이 보관된 방으로 들어갈 수 있다
경판의 보호를 위해서
일반인들은 들어갈 수 없다

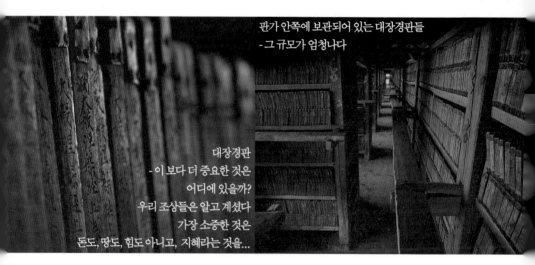

판가 안쪽에 보관되어 있는 대장경판들
- 그 규모가 엄청나다

대장경판
- 이 보다 더 중요한 것은
어디에 있을까?
우리 조상들은 알고 계셨다
가장 소중한 것은
돈도, 땅도, 힘도 아니고, 지혜라는 것을...

대장경이 보관되어 있는 곳 - 깨끗하고 깔끔하다
옛 어른들이 경전을 얼마나 중요하게 생각했는지를 바로 느낄 수 있다

현대적으로 만들어진 성철 스님 부도 탑 - 가운데 구는 원만한 진리를 상징하고,
반구는 연꽃을 상징하며, 3단의 계단은 계 · 정 · 혜 삼학과 수행과정을 상징한다

해인사에 오르다 … 해인사 주차장에 내려서 간단하게 점검을 하고 해인사 길에 올랐다. 성보 박물관을 지나고 성철 스님의 부도탑도 둘러보며 경치 좋은 산길을 한참 오르면 세계 문화유산 해인사 고려대장경 판전이라고 새겨진 큰 바윗돌이 나오고 일주문이 보인다. 해인사에 출가해서 수도 없이 걸은 길이니 나에게는 참 익숙하고 가까운 길이지만 처음 오는 보살님들이나 학생들에게는 조금 힘든 모양이었다. 평소 운동들이 부족한 탓이려니 했다.

일주문 앞에서 잠시 모여 해인사 강원의 학인 스님으로부터 안내를 받고, 학생들은 문화 탐방을 하고, 우리 순례단은 법당에 올라 예불을 시작했다. 해인사는 화엄종에 그 뿌리를 두는 화엄 사찰로서 법당은 비로자나불을 모신 대적광전이다.

해인사 일주문 앞에 도착해서 잠시 숨을 돌리고 순례를 시작하려 하고 있다
아이들도 모두 올라왔다

1. 해탈문 쪽에서 바라본 해인사 오르는 길, 사천왕문 아래에 일주문이 보인다
   사천왕문을 지나서는 길이 오른쪽으로 약간 휘어져 있는 묘한 구조이다

2. 사천왕문 양쪽에 그려진 금강역사가 힘차다

3. 해인사의 사천왕상은 그림으로 되어 있다

법성계도가 있던 마당에서 한 계단을 더 올라서면
비로소 삼층석탑(정중탑)과 함께 대적광전이 보인다

사천왕문을 오르면 앞으로 가람을 지키는 국사단이 보이고,
왼쪽으로 살짝 틀어서 해탈문을 오르는 길이 있다
해탈문을 지나면 해인사 경내로 진입한다

법보종찰 가야산 해인사

3. 대적광전에는 총 일곱 분의 부처님을 모시고 있다
   주불은 가운데에 모셔진 비로자나불이다

4. 주불인 비로자나 부처님의 모습

5. 아이들은 학인 스님으로부터 사찰 안내를 받고 있다

5

해인사 주지이신 현응 스님께서 직접 법문을 해주셨다.
그 법문 내용은 다음과 같다.

비로자나 부처님은 어디에 계실까?
오늘 올렸던 예불문 속에 그에 대한 이야기가 있다.

해인사 주지이신 현응 스님

기도하는 모습에서 지심귀명례의 마음이
느껴진다

지심귀명례(至心歸命禮)
지극한 마음으로 목숨 바쳐 예배드려 귀의합니다.

시방삼세 (十方三世)
시방(十方)은 10가지 방향으로 모든 공간을 나타내고 삼세三世는 과거 현재 미
래의 모든 시간을 나타낸다. 그러니 시방삼세는 온 우주를 나타내는 것이다.

제망찰해 (帝網刹海)
제망(帝網)은 제석천의 그물을 말한다. 그물에는 보석이 달려 있어 각각이
세상을 모두 비추면서 반짝인다. 찰해(刹海)는 땅과 바다를 말한다. 연기법으
로 엮여 있는 전체 세상을 나타내는 것이다.

상주일체 (常住一切)
언제 어디에나 항상 계시는

불타야중 (佛陀耶衆)
많은 부처님들께

여기에서 묘사되는 것처럼 세상의 어디에나 계시는 청정 법신을 비로자나불이라 하고 이 비로자나불이 현실 세계에 나타나신 것이 석가모니 부처님이다.

　우리가 깨닫는다고 하는 것은 이 비로자나불을 뵙는 것이다. 그 비로자나 부처님을 어떻게 뵐 수 있을까?

　위 예불문에 나온다. 세상의 모든 것들이 그물처럼 엮여서 보석처럼 반짝이며 세상을 비추고 있고 또 서로를 비추고 있다. 그것을 보아야 하는 것이다.

　요원선사께서 소동파에게 설한 무정설법의 뜻도 그러하다. 무정은 생명이 없는 바위, 물, 산 등을 말하는데 이러한 것들이 어떻게 설법을 할 수 있을까.

　앞에서 이야기했듯이 그 모든 것들은 청정법신 비로자나불이다. 설법을 듣지 못하는 것은 내가 미혹에 싸여 있기 때문이며, 그물의 보석처럼 각각의 모든 것들이 세상을 모두 비추며 설법을 하고 있는 것이다.

한 사람 한 사람 기도하는 마음에서
나는 무정설법을 듣는다

시냇물 소리도 부처님의 음성이요, 흘러가는 구름도 부처님의 모습이라 하겠다. 색계 천상에도 그물이 있는데 이를 범망(梵網)이라 한다. 석가모니불이 제4선천(禪天)에서 대중에게 설하셨다. 이를 기록한 것이 범망경노사나불설보살심지계품제십(梵網經盧舍那佛說菩薩心地戒品第十)이다.

상권에서는 심지법(心地法)을 설하시는데 심지(心地)는 마음을 땅에 비유한 것이다. 이 심지를 10가지씩 묶어서 4단계로 설하였다. 삶을 사는 것은 심지를 잘 닦는 것이라고 볼 수 있다.

10발취심(發趣心) · 10장양심(長養心) · 10금강심(金剛心) · 10지(地)
　하권은 보살계본이라고 부르는데　계율을 10가지 무거운 계율인 10중대계(十重大戒)와 48가지 가벼운 계율인 48경계(四十八輕戒)로 경중을 나누어 정리했다. 계를 지키는 것은 부모와 스승과 삼보(三寶)에 효순하는 것(효도해서 순종하는 것)이며, 나쁜 곳으로 흐르는 본능을 제지하는 것이다.

가야산의 아름다운 홍류동 계곡 - 무정 설법이 들리는가

　　법보종찰 가야산 해인사

사람의 마음은 본래 청정하고 신령스러운 것이다. 깨달음을 위해서는 어떤 다른 법문을 들어서 지식을 보태는 것보다, 계를 듣고 지키는 것이 빠르고도 중요한 길이다. 즉, 그물의 보석들에 깃들어 있는 청정법신 비로자나불을 친견하려면 이미 스스로가 비로자나불이므로 계율로서 스스로를 밝히는 것이 가장 빠르다는 것이다.

여기 앉아 있는 한 사람 한 사람이, 해인의 바다이며, 세상 만물이 청정법신임을 알려주시는 현응 스님의 간절한 법문은 모두의 마음을 활짝 열어서 자기의 심지를 갈고 닦는 바탕이 될 것이다.

기도에 열중하는 회원님들
청정법신 비로자나불은 어디에 계신 것일까?

학인 스님께서 열심히 설명을 해주신다

사찰 안내 ⋯ 점심 공양을 하고 해인사 학인 스님의 자세한 사찰 안내를 받았다. 해인사의 여러 전각을 둘러보고 팔만대장경판이 있는 법보전에 올랐을 때는 함께하는 이들의 표정에 환희심이 가득해 보였다. 대장경판의 그 아름다움과 과학적인 보관법은 이미 세계적으로 유명해서 더 설명이 필요 없겠으나 현장에서 보니 더욱 확실하게 느낄 수 있었다.

자비회원님들의 표정이 진지하다

화엄일승법계도 … 해인사의 앞마당에는 화엄일승법계도華嚴一勝法界圖가 그려져 있다. 의상대사의 법성게를 읽으며 미로 같은 길을 걷도록 한 것이다.

법성게는 화엄경의 핵심적인 내용으로 7자씩 30구로 된, 시로 지은 게송이다. 화엄사상을 가장 잘 표현한 명문장이다. 읽고 또 읽어도 참 멋진 글이다.
해인사의 번역을 그대로 옮겨 보면 다음과 같다.

法性圓融無二相 諸法不動本來寂 **법성원융무이상 제법부동본래적**
법의성품 원융하여 두모습이 아님이여 모든법은 부동하여 본래부터 고요하니

無 名無相絶一切 證知所知非餘境 **무명무상절일체 증지소지비여경**
이름없고 모습없어 모든것이 다끊어져 증득해야 아는바요 다른경계 아님이라

眞性甚深極微妙 不守自性隨緣成 **진성심심극미묘 불수자성수연성**
참성품이 깊고깊어 미묘하고 지극해서 자기성품 지키잖고 인연따라 이루었네

경내에 들어서면 왼편으로 법성게도가 있다
이 길을 따라 걸으면서 의상조사 법성게를 독송하도록 하고 있다

一中一切多中一 一卽一切多卽一 **일중일체다중일 일즉일체다즉일**
하나속에 일체이고 일체속에 하나이니 하나가곧 일체이고 일체가곧 하나여서

一微塵中含十方 一切塵中亦如是 **일미진중함시방 일체진중역여시**
작은하나 티끌속에 시방세계 머금었고 일체모든 티끌속에 하나하나 그러하네

無量遠劫卽一念 一念卽是無量劫 **무량원겁즉일념 일념즉시무량겁**
셀수없는 오랜세월 한생각에 사무치고 일찰나의 한생각이 무량겁에 사무치네

九世十世互相卽 仍不雜亂隔別成 **구세십세호상즉 잉불잡란격별성**
구세십세 무량세월 걸림없이 상응하여 혼란하지 아니하고 따로따로 이뤄졌네

初發心時便正覺 生死涅槃相共和 **초발심시변정각 생사열반상공화**
초발심의 그순간에 바른깨침 이미얻고 남과죽음 열반세계 항상서로 함께하니

理事冥然無分別 十佛普賢大人境 **이사명연무분별 시불보현대인경**
이치현상 은연하여 분별할수 없음이여 열부처님 보현보살 대성인의 경계일세

能仁海印三昧中 繁出如意不思議 **능인해인삼매중 번출여의부사의**
부처님의 해인삼매 선정중에 깊이들어 부사의한 여의진리 마음대로 나투시어

雨寶益生滿虛空 衆生隨器得利益 **우보익생만허공 중생수기득이익**
중생위한 보배비가 온허공에 가득하여 중생들은 근기따라 모두이익 얻어지네

是故行者還本際 叵息妄想必不得 **시고행자환본제 파식망상필부득**
그러므로 수행자가 본래자리 돌아올제 망상심을 쉬지않곤 얻을수가 가히없네

無緣善巧捉如意 歸家隨分得資糧 **무연선교착여의 귀가수분득자량**
분별없는 좋은방편 마음대로 휘어잡고 본고향에 돌아갈제 분수따라 양식얻네

以多羅尼無盡寶 莊嚴法界實寶殿 **이다라니무진보 장엄법계실보전**
신령스런 다라니는 한량없는 보배이니 온법계를 장엄하여 보배궁전 이루어서

窮坐實際中道床 舊來不動名爲佛 **궁좌실제중도상 구래부동명위불**
진여실상 중도자리 오롯하게 앉았으니 옛적부터 변함없는 부처라고 이름하네

    법계도를 따라 돌며 탑돌이를 하고, 차례대로 낙관을 찍어주고, 염주 한 알씩을 나누어 주니 문화 탐방을 하던 천진보살 꿈나무들도 하나둘 모이기 시작했다. 인원을 점검하고 내려오는 길에 일주문의 글이 화엄사상을 다시금 되새기게 하는 듯 눈에 들어왔다.

역천겁이불고 歷千劫而不古 긍만세이장금 亘萬歲而長今
천겁의 세월이 지나도 옛일이 아니고 일만세를 뻗어도 언제나 지금이다

    과거도 현재의 거울에 비치고 있고, 미래도 현재의 거울에 비치고 있으니, 지금 이 순간이 보석으로 반짝이는 법망의 비로자나불이 아닌가.

    해인사는 절의 이름에 모든 뜻이 들어 있다 해도 과언이 아니겠다. 탐욕과, 싫어함과 어리석음으로 가득 찼던 마음을 비우고, 바다에 바람이 그치고 파도가 잔잔해지듯이 고요한 상태가 되면, 우주의 만가지 모습이 남김없이 드러나는 아름다운 화엄의 세계를 볼 수 있으리라. 그리고 스스로가 화엄의 꽃임을 알게 되리라. 역시 해인사는 그 이름에 모든 이야기를 담고 있다.

보람찬 순례를 마치고 해인사를 내려오고 있는 자비회원님들과 학생들
- 그들이 바로 부처님이다

해인사 일주문 앞에서 기념 촬영

해인사 보살계 수계 법회에 참여하고 있는 자비회 회원님들

113

3.

승보종찰
조계산
송광사

승속이든 세속이든 깨닫지 못해
탐·진·치에 빠진 이들을 구제하는 것이 승보이다

1. 송광사의 일주문 - 가람 배치가 직선이 아니라
   원형인데 오른쪽 끝에 일주문이 있어
   마치 옆으로 들어가는 느낌이 든다

2. 일주문을 들어서면 바로 세월각과 척주당
   아담한 건물이 보인다 - 죽은 자의 위패를 두고
   그 영혼이 속세의 때를 벗을 수 있는 관욕처이
   다 - 세월각은 여자 영가의 관욕처, 척주당은
   남자 영가의 관욕처라고 한다

3. 보조국사께서 직접 심으신 고향수라는 나무로
   국사께서 송광사를 다시 찾아오실 때
   소생한다는 전설이 있다

4. 일주문을 지나 이 다리로 계곡을 건너면
   바로 사천왕문과 연결되어
   송광사 경내로 들어간다

1. 송광사의 사천왕

2. 사천왕문을 지나 종루 아래로 들어오면
   송광사 대웅보전을 비롯해서 여러 전각들이 한눈에 들어온다

사천왕문 바로 오른쪽으로는 강원이 있는데 일반인들이 들어갈 수 없다
송광사 강원은 승보사찰답게 예부터 엄격하기로 유명하다

정법의 수호자 승보 ⋯ 현재 우리나라 불교 신행의 문제점은 무엇일까. 많은 이들이 많은 비판을 하고 있는데 몇 가지로 요약해 보면 지나치게 정치적인 것, 지나치게 상업적인 것, 또 지나치게 기복적인 것 등이다.

그런데 가만히 생각해 보면 정치나 상업이나 기복이 무슨 죄가 있을까. 사실 그러한 것들은 사람이 사는 사회에서는 어느 정도 필요하기도 하다. 부처님께서는 그 문제점을 완전히 다르게 보셨다. 정치니 상업이니 기복이니의 문제가 아니라 탐(욕망) · 진(성냄) · 치(어리석음) 삼독의 문제라는 것이다. 아직 수행이 부족한 대중들은 항상 탐 · 진 · 치에 빠져서 거기에 끌려다니며 자기도 모르게 부처님의 법에서 멀어지고, 공부하려는 다른 이들까지 미혹에 빠지게 하는 활동들을 하게 된다. 즉, 정치나 상업이나 기복 등이 적절하게 방편으로 쓰이지 못하고 그것이 주인공 노릇을 해버려서 문제가 되는 것이다.

117

이것이 어디 오늘날의 일이기만 하겠는가? 언제나 수행이 부족해서 탐ㆍ진ㆍ치에 빠져 활동하는 이들은 많았을 것이고, 수행하려는 이들 또한 많지만 아직 어리석으니 이들과 어울려 안개 속을 헤매고 있는 경우가 시대와 형태를 달리하며 참 다양했을 것이다.

그러니 깊이 수행해서 깨달은 선지식들이 이것을 가만히 보고만 있을 리가 없다. 적극적으로 나서서 바로잡아가는 것이 그들이 역사적으로 해 온 일이고, 그 공덕으로 또 많은 이들이 바른 수행을 하게 되고 또 다른 선지식들이 계속해서 나올 수 있는 토양이 되었던 것이다. 이것을 우리는 승보(僧寶)라고 한다. 불교의 세 가지 보배 중 하나이기도 하다.

전통은 신라시대까지 거슬러 올라가서 보조 지눌 스님의 정혜결사(定慧結社)운동도 이와 같다. 그 시대에 미신화 된 호국 기복 불교와, 도구화 된 형식 불교, 귀족화 된 관권 불교를 되돌려서 수행에 매진하는 수행 불교, 선교를 병행하는 정법 불교, 많은 이들을 위한 대중 불교를 지향하도록 불교 운동을 펼치고, 그 중심지를 송광사로 하였다. 그 이후로도 송광사에서는 15명의 국사들이 출현하여 선지식의 전통을 이어 오고 있으며 이러한 상징적인 의미로 송광사를 승보종찰이라고 한다.

1. 보조국사 지눌 스님을 시작으로
   열여섯 분의 국사를 영정으로 모신 국사전은
   승보종찰 송광사를 대표하는 전각이다

2. 국사전 현판
3. 국사전의 내부 모습

승보전

송광사에서는 대웅전을 크게 증축하면서 기존의 대웅전을 원형 그대로 옮겨 지어 승보전을 만들었다

내부에는 계단식 불단을 만들어 석가모니불을 주불로 모시고,
10대 제자 16 나한 1250 비구 제자상을 모셨다 - 승보를 대표하는 사찰을 상징하는 전각으로 꾸민 것이다

좋은 스승을 만나는 방법 ⋯ 불교에서는 좋은 스승의 인연을 만나 공부하는 것을 가장 큰 복으로 여긴다. 어떻게 하면 좋은 스승을 만날 수 있을까. 원리는 간단하다. 아직 공부가 부족한 상태이니 내가 선지식을 알아보는 것은 가능한 일이 아니다. 괜히 좋은 스승을 만나겠다는 욕심으로 저울을 들고 다니며 이 분 저 분을 평가하면 스스로의 어리석음에 빠져서 악연을 만날 가능성이 훨씬 높다. 가장 좋은 방법은 탐·진·치를 최대한 멀리하며 간절한 마음으로 기도하는 것이다. 그러면 선지식이 먼저 알아보고 그 사람에게 손을 내밀 것이다. 그렇게 간절한 기도로 이루어지는 인연의 가피는 참으로 크다 하겠다. 또한 자기 스스로가 승보임을 깨달아 그 가피에 보답해야 함도 잊지 말아야 할 것이다.

무슨 일이 있어도 시간을 지킨다 ⋯ 오전 8시에 진주 송학사에서 송광사를 향해 출발하였다. 1분도 기다리지 않았다. 세 번째 순례길이니 늦는 사람들이 여럿 있었다.

이들의 스승은 어디에 있을까?

승보종찰 조계산 송광사

학인 스님 한 분이 나오셔서 순례단을 맞아 주시고 안내를 해주셨다

송광사의 건물 배치도 - 대웅보전 앞마당을 중심으로 둥글게 배치되어 있다. 마치 연꽃 모양 같다

학인 스님의 안내를 받으며 경내를 둘러보고 있다
-하루 해가 부족할 정도로 볼 것이 많다

5분만 기다렸어도 그들을 태워서 갈 수 있는데, 무척이나 냉정하게 출발해버렸다. 미안하기도 하고 아쉽기도 했지만, 한 사람의 1분이 100명이면 100분이라는 것을 알아야만 한다. 이것이 수행의 시작인 것도 알아야만 한다.

그리고 이러한 규칙들이 순례단을 잘 유지해 줄 수 있다는 것도 알아야만 한다. 이것이 지극히 불교적인 것이다. 선지식이 그 1분을 소중하게 여길 때까지 기다린다고 생각해 보라. 그럴 수 있겠는가?

승보종찰 조계산 송광사

동그란 구조의 송광사 … 송광사에 도착하자 학인 스님이 나와서 사찰 안내를 해주었다. 송광사는 그 터가 연못 위에 있는 연꽃의 모양이라고 한다. 그래서인지 다른 사찰과는 달리 대웅전이 한가운데 배치되고 동그랗게 사방으로 퍼져 가면서 동심원을 그리듯 전각들이 배치되어 있는 모양이다. 일주문에 들어설 때부터 아늑하게 싸여 있는 느낌을 많이 받았는데 아마도 터의 기운이 그러한 것 같다. 예전에는 건물도 훨씬 많고 촘촘해서 건물들의 처마 밑으로 비를 맞지 않고 다닐 수 있을 정도였다고 한다.

송광사에는 없는 세 가지 … 송광사에는 세 가지가 없다. 첫째 탑이 없고, 둘째 풍경이 없고, 셋째 TV가 없다. 탑이 없는 것은 터와 맞지 않아서(연못 위에 연꽃 모양이니 탑을 세우면 가라 앉는다)이고, 바람에 흔들리는 풍경이나 TV가 없는 것은 공부에 방해가 되기 때문이라고 한다. 승보종찰답게 스님들의 공부에 최선을 다하고 있는 느낌이다. 실제로도 송광사 강원과 율원은 계율에 철저하기로 유명한 곳이기도 하다.

불일암 참배 … 여러 전각들을 둘러보고 대웅전에서 예불을 올렸다. 탐·진·치에 빠져 있는 어리석은 중생을 구하기 위해 온몸을 던져 노력하신 지눌 스님을 비롯한 16국사님들과, 그들의 뒤를 이어 오늘날까지 이어져 온 선지식들의 노고에 감사하는 마음으로 기도하고 예참하였다. 먼저 감사하고 존중할 줄 아는 것이 공부의 시작이다. 먼저 머리 숙여 절할 줄 모른다면 그 어떤 것도 배울 수 없다.

오후에는 현대 불교에 큰 어른 중 한 분이신 법정 스님이 계셨던 불일암에 올랐다. 율사셨던 법정 스님은 참 무서울 정도로 철저하신 분이셨다. 불일암의 깔끔하고 정갈한 법당은 스님의 모습을 그대로 보여주고 있는 듯했다.

마침 스님의 맏상자이신 덕조 스님을 뵙고 잠시 인사를 나눌 수 있었다. 스님은 법정 스님의 유언을 받들어 불일암을 지키고 계신다. 스님이 계시기에 법정 스님의 향기가 불일암에 그대로 배어 있는 것이 아닌가 싶었다.

불일의 뜻은 '불법은 해와 같다' 는 것이다. 부처님의 자비가 해처럼 중생들에게 빠짐없이 널리 미친다는 뜻이다. 법정 스님을 생각하면 불일암의 이름과 참 잘 어울리는 분이신 것 같다. 그 작은 방에서 그 많은 책을 집필하신 것은 부처님과 함께 계셨기 때문일 것이다.

비 사 리 구 시

1724년 전라 도 남원 송동면 세전골에 있던 싸리나무가 태풍으로 쓰러진 것을 가공하여 만든 것으로 조선 영조가 올 때에 오시기 전에 손님을 위해 밥을 저장했던 통이라 함. 1일 4가마 분으로 저장했던. 송광사 3가지 명물 (능견난사, 쌍향수, 비사리구시) 중 하나.

손님을 위해 밥을 저장했던 통이라 한다. 송광사의 규모를 짐작할 수 있다

잠시 짬을 내어 노보살님들과 사진을 찍었다
쉽지 않은 순례 일정에 동참해 주셔서 감사드린다
뒤로는 승보전이 보인다

127

옛 모습을 그대로 간직하고 있는 약사전과 용화전 - 비를 맞지 않고 건물 사이를 오갔다는 말이 실감이 났다

송광사의 대웅전 - 큰 규모로 새롭게 지었다고 한다

법당 내부에는 삼존불을 모시고, 문수 보현 관음 지장 보살님들을 함께 모셨다

불일암 오르는 길 - 대나무 숲이 한적하다. 법정 스님께서 늘 이 길을 다니셨을 것이다

1. 법정 스님께서 직접 만들어
    사용하셨던 의자라고 한다

2. 법정 스님께서 계셨던 불일암의 모습 - 매우 아담한 암자이다
    앞에는 법정 스님의 의자가 보인다

3. 불일암의 작은 법당을 참배하고 있다
4. 작은 연못에 연꽃을 가꾸어 두었다

5. 스님의 유언에 따라 가장 아끼셨던 후박나무 아래에
    유골을 모셨다고 한다

불교 문화 콘텐츠 … 송광사의 일정을 모두 마치고 진주로 돌아가는 길에 행복한 마음과 함께 약간의 서운함이 함께 교차한다. 보고 느낄 것이 너무나 많은데 시간이 충분치 않았다는 느낌이다. 아마도 삼보 사찰은 한곳 한곳마다 책 한 권으로 정리해도 부족할 정도로 많은 이야기들을 담고 있을 것이다. 이런 것을 요즘 용어로는 문화 콘텐츠라고 하는데, 우리 불교에서 아직 발굴되지 않은 콘텐츠들이 너무나 많은 것 같다. 정각 하나하나에 참 엄청난 이야기들이 들어 있고 벽화 하나하나에 또 엄청난 이야기들이 들어 있으니 말이다.

먹물 옷을 입고 삼십 년 가까이를 살았지만 아직도 보고 들어야 할 것들이 많다는 것은 불교의 산과 바다가 얼마나 높고도 깊고도 넓은지를 보여 주는 듯하다. 다음과 또 그 다음으로 이어지는 산사 순례가 나에게도 매우 흥미롭고 큰 기대가 된다.

대웅보전 앞에서 모두 모여 사진 촬영을 하였다
강원 선배인 포교국장 각안 스님의 배려에 송광사 순례를 원만히 회향할 수 있었다

1

4.
조계종
총본산
조계사

이판사판이 따로 없다
다양한 실험이 이루어지는 조계사는 소중하다

4

1. 서울의 중심 중에서 가장 복잡하다는
    종로에 있는 조계사
    - 도심의 빌딩 숲 속의 조계사가 마치 연꽃 같다

2. 한국 불교를 대표하는 조계사 일주문의 현판
    - 총본산이라는 표현에 조계사의 어깨가 무겁다

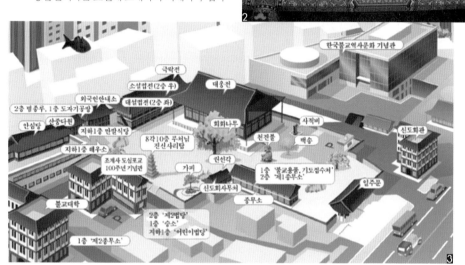

3. 한국불교역사문화 기념관에 조계종의 주요 기관들이 있다
    주변의 여러 현대적인 건물들도 조계사에 속한다
    앞으로 더 많은 공간을 확보할 예정이라고 한다

4. 대웅전 옆의 백송
    - 나무껍질이 넓은 조각으로 벗겨져서 흰빛이 되므로 백송이라고도 한다
    중국이 원산지로서 조선시대에 중국을 왕래하던 사신들이 가져다 심은 것이다
    천연기념물 9호이다

5. 조계사의 대웅전

수행은 삶 … 수행자는 수행만 할 것이라고 생각하는 것은 잘못이다. 불교 수행 자체가 삶을 벗어나서 따로 있는 것이 아니다. 산속 깊이 들어가 홀로 수행하는 것은 깨달음을 위한 좋은 방편 중 하나이지만, 그것이 절대적이어서 모두가 그렇게 해야 하는 것은 아니다. 만약에 과거의 선지식들이 모두 그렇게만 했다고 하면 오늘날 불교는 존재하지 않았을 것이다.

불교 내부에도 정치가 있고, 경제가 있고, 문화가 있고, 예술이 있다. 사회에 존재하는 것이 그대로 존재하는 것이다. 수행을 한다고 해서 밥을 먹지 않고 옷을 입지 않는 것이 아닌 것과 같다. 불교에서는 이판과 사판이라는 표현을 쓴다.

이판은 수행만 하는 쪽을, 사판은 경영만 하는 쪽을 빗대어 하는 말하기도 한데 이는 대표적인 잘못된 표현 중 하나이다. 누가 이판이고, 누가 사판일까? 가만히 생각해 보면 완전히 이판이거나 완전히 사판인 사람은 아무도 없다. 본래 그것을 구별하는 것이 의미가 없는 것이다. 중요한 것은 이판이냐 사판이냐가 아니라 부처님의 법대로 살고 있느냐일 것이다. 그렇다면 어떻게 사는 것이 부처님 법대로 사는 것일까? 불자들에게는 참 중요한 문제일 것이다.

불교계 정치 경제의 중심 … 서울의 가장 중심지에는 조계종 총본산 조계사가 있다. 대한민국 정치 경제의 중심이 서울이듯이, 대한불교조계종 정치 경제의 중심은 조계사이다. 이곳에 나라로 치면 행정부 격인 총무원이 있고, 국회 격인 종회가 있다. 그러니 이곳에서 결정되고 이루어지는 일들은 불교 전체를 대표하고 또 불교 전체에 큰 영향을 미치게 되는 것이다. 언론에서 불교 관련 이야기가 나올 때 조계사가 언급되는 것은 이때문이다.

달리 표현하자면 부처님 법대로 사는 것이 무엇일까를 대표하는 곳이 조계사라고 볼 수도 있다. 힘이 있는 만큼 항상 그 논란의 중심에 조계사가 있고, 항상 비판의 대상이 되기도 하는 것이다.

1. 사회적인 문제를 종교가
   외면할 수 없다
   단, 부처님의 법에 맞게
   참여하는 것이 중요할 것이다

2. 누구든 품에 안고 보호하는 것이
   부처님의 뜻에 맞을 것이다

3. 조계사는 언제나 불교를 대표하며
   많은 관심을 받고 있다
   그래서 더욱 어렵고 조심스러울 것이다

135

커다란 실험실 ··· 나는 조계사를 볼 때면 커다란 실험실을 보는 것 같다. 많은 일들이 시도되고 있고, 또 많은 실패도 하고, 비판도 받고 있고, 그러면서도 또 여러 가지의 일들이 새롭게 시도되는 매우 활발한 곳이라고 본다.

조계사가 여러 논란과 비판 속에서, 또 여느 절집의 고요한 분위기와 다른 활발함 속에서 불교의 또 다른 모습의 꽃을 피우지 않을까 하는 기대를 한다. 물론 그 중심에는 '항상 부처님 법대로'라는 원칙이 있어야만 할 것이다.

조계사 부주지이신 토진 스님께서 자비회 회원들에게 법문을 해주셨다. 은행에 적금을 꼬박꼬박 넣듯이 순례 법회 또한 빠지지 않고 다녀야만이 적금 타는 행복을 알게 될 것이라고 하셨다.

조계사의 불교 교육은 매우 다양하고 폭넓게 기획되고 있다 - 중심지이다 보니 공부하러 오는 이들도 많다

1. 최근에 조계사에 새롭게 세워진
    금속으로 만든 사천왕상은
    많은 이들의 관심을 받고 있다

2. 사찰 안내를 받고 있는
    자비회 회원님들의 표정이 진지하다

3. 거대한 조계사의 삼존불
    - 조계사의 위엄을 느낄 수
    있는데, 너무 크다는 느낌도
    조금은 든다

137

경남 진주에서 서울 오는 것이 회원들에게는 참 흥미로운 일이었던가 보다. 5시간 가까이 버스로 이동을 했지만 피곤한 기색 없이 법회와 공양을 마치고는 인사동 관광을 요청하였다.

진주에서 서울을 한 번 오기도 쉽지 않지만 왔다고 해도 인사동을 일부러 와 보기란 쉽지 않을 것이라 자유 시간을 허락하였다. 여러 화랑들과 옛가구들, 다양한 골동품과 소품들을 구경하며 쇼핑하는 모습들이 행복해 보였다. 예나 지금이나 시장에서는 사람들의 활기를 느낄 수 있다.

부처님 법대로 … 언제나 '부처님 법대로' 많은 정치 경제적인 문제들이 다루어지는 조계사와 총무원이길 바라는 마음의 기도와 함께 진주로 돌아왔다.

인사동에는 언제나 사람들이 많다
거리가 현대적으로 많이 바뀌어서 옛 정취를 느끼기는 어려웠다

1. 인사동 입구의 붓 동상 - 일원상을 그리고 있다
   인사동과 조계사에 참 잘 어울리는 조형물이다
2. 거리의 골동품점에
   진열되어 있는 부처님의 모습,
   해외에서 들어온 것 같은데
   그 조각이 정교해 보인다
3. 서울에 살고 있는 천진 보살들

4. 조계사에서 기념 촬영을 하였다
   배경의 반은 대웅전이고
   나머지 반은 현대식 건물들인 것이 재미있다

날마다 좋은 날 되소서!

조계종 송학사 108산사 순례단

5.

화 산
용주사

동방 지국 천왕   남방 증장 천왕   북방 다문 천왕   서방 광목 천왕

불교에서의 효는 욕망을 좇지 않는
보다 근본적인 마음이다

1. 삼문은 마치 경복궁의 홍살문과 비슷한 구조를 하고 있어, 왕실의 건축이 적용되었음을 알 수 있다

2. 대웅전 앞에는 왕이 예불을 올릴 수 있는 천보루가 있으며 천보루 양 옆으로는 꽤 많은 사람이
   머무를 수 있는 건물들이 있다 - 왕과 신하들이 머물며 예불하기에 적합한 구조를 갖췄다

3. 삼문을 지나면 천보루가 나온다 - 천보루 아래를 지나 계단을 올라가면 대웅보전이 있다
   이 또한 건축형식이 왕실의 구조와 흡사하다

4. 용주사에는 일주문이 없고 천왕문이 일주문을 대신하며 용주사 현판이 걸려 있다

사도세자의 슬픈 운명 ··· 사도세자는 28세의 젊은 나이에 아버지 영조 대왕의 명으로 뒤주에 갇힌 채 8일 만에 숨을 거둔다. 아버지인 사도세자의 영혼이 구천을 맴도는 것 같아 괴로워하던 정조는 보경 스님으로부터 부모은중경(父母恩重經) 설법을 듣게 되고 이에 크게 감동한다. 부친의 넋을 위로하기 위해 절을 세울 것을 결심한 그는 경기도 양주 배봉산에 있던 부친의 묘를 화산으로 옮겨와 현륭원(뒤에 융릉으로 승격)이라 하고, 그 앞에 절을 지어 비명에 숨진 아버지 사도세자의 능을 수호하고 그의 명복을 빌게 하였다.

사도세자의 제사를 모시기 위해 별도로 지어진
호성각 앞에 부모은중경(父母恩重經)탑
- 한글과 한문이 함께 새겨져 있다

조선시대는 유교를 숭상하고 불교를 억압하던 시대이고, 유교는 효를 매우 중시하는데 왕이 직접 절을 지어서 부모를 모셨다는 것은 참 특이한 경우이다.

호성각의 벽에는 부모은중경의 내용이 그림으로 그려져 있다

　　　　화산 용주사

생사 고통의 해법을 만남 ··· 어찌 보면 너무나 억울한 사도세자의 죽음을 아들 정조는 도저히 이해할 수 없었을 것이다. 이런 생사 문제의 고통을 어떻게 해결할 수 있었을까.

보경 스님의 법문은 정조에게는 밝은 빛을 만난 것과 같지 않았을까. 아버지 사도세자가 부처님께 귀의해서 모든 윤회와 업의 고리에서 벗어나 더 이상 고통 받지 않기를 아들 정조의 바람은 간절했을 것이다.

대웅보전의 삼존불과 후불 탱화 - 장식은 매우 화려하지만 부처님의 표정은 한없이 자비롭다

용주사 대웅보전 앞에서 함께 예불을 마치고 조별로 사진을 찍었다 - 우리에게는 부모님께 효도하고자 하는 근본 마음이 있다

효도는 마음 … 효도하는 마음은 억지로 만드는 것이 아니다. 부모와 자식이 되었다는 인연법으로 자연스럽게 생기는 것이다. 효도할 마음이 없는 것은 업에 싸여서 본래 그 마음을 알지 못하는 것이다. 수행을 통해서 스스로의 마음을 맑히면 효도의 마음도 그대로 드러나고, 마음이 일어나면 행동은 자연스럽게 따라온다.

불교에서는 효도를 어떻게 하는 것이냐는 질문을 가끔 받는다. 참 재미있는 질문 중 한 가지이다. 자식들은 좋은 옷, 좋은 음식, 좋은 집을 부모님께 드리는 것이 실질적인 효도라 생각하는 경우가 많다. 그에 반해서 부모들은 자식이 효도하려는 마음만 있어도 행복하다고 말하는 경우가 많다.

화산 용주사

1. 간절히 기도하는 마음이 가장 큰 효도라는 것을
   기도를 해 본 사람들은 잘 안다

2. 지장전에서 재를 올리고 있는 사람들
   - 이들 모두가 정조와 같은 마음일 것이다

145

기도하는 것 = 효도하는 것 … 우리가 왜 부처님 전에 와서 기도하는가. 먹고, 마시고, 놀러 다니는 기회들을 뒤로하고 절에서 조용히 기도하는 이유가 무엇인가? 쾌락은 결국 고통으로 돌아오고, 관념도 또한 결국 고통을 만드는 것임을 알고, 이를 맑혀서 진정한 행복의 길로 들어가기 위함이 아니던가. 그렇다면 부모님들께 대한 효도도 분명하다.

부모은중경에서는 다음과 같이 이야기하고 있다.

「그대들이 부모님의 은혜에 보답하고자 하거든,
부모님을 위해 이 경을 쓰고, 부모님을 위해 이 경을 독송하고,
부모님을 위해 자신의 죄와 잘못을 뉘우치고,
부모님을 위해 삼보에 공양하고,
부모님을 위해 재계를 지켜 받들고,
부모님을 위해 보시를 해서 복을 지어라.」

정말 부모를 위한 마음이 무엇인지를 잘 나타내고 있다.

지금 최고의 효도를 하고 있다

산사 순례에 딸과 함께 참여하신 자비화 보살님
최고의 효도이고 최고의 교육이다

딸과 함께 참여하신 불국심 보살님

부처님께 귀의하다 ··· 조계종 제 2교구본사 용주사는 사도세자와 정조 능을 모신 사찰로 유명하다. 절에 들어서는 삼문의 주련은 정조 대왕의 부모님과 불법을 대하는 마음을 잘 전하고 있다.

용반화운(龍蟠華雲) 용이 꽃구름 속에 서리었다가
주득조화(珠得造化) 여의주를 얻어 조화를 부리더니
사문법선(寺門法禪) 절문에 이르러 선법을 배워서
불하제중(佛下濟衆) 부처님 아래서 중생을 제도한다.

본래 모두 효자 효녀 ··· 법당이 좁은 듯하여 누각 천보루에서 기도를 했다. 이제 5번째 순례에 이르니 기도 소리도 힘차고, 108 참회도 안정감 있게 진행

날마다 좋은 날 되소서!
대한불교 조계종 송학사 108산사 순례단
이 중에서 효자 효녀가 아닌 사람이 누구일까 - 우리는 본래 모두가 효자 효녀이다

화산 용주사

되어 마음이 흡족했다. 스스로가 이미 본래 효자이고 효녀인 것을...

　둘러볼 곳이 많아 빠르게 낙관을 찍고 염주를 나누어 준 후 점심 공양을 하고 사찰 안내를 받았다. 용주사는 왕이 직접 불사를 한 곳이라 다른 절들과는 다르게 왕궁의 형식을 따른 곳들이 많고, 왕과 대신들이 와서 예불을 드리며 지낼 수 있는 구조로 되어 있다고 한다. 법당의 벽화들도 왕실의 느낌이 들었고 특히 범종은 그 가치가 높아 국보로 지정되어 있다고 한다.

　용주사에는 특이하게도 효행박물관이라는 것이 있다. 정조 대왕의 효심을 기념하기 위하여 지어졌을 것이다. 내부에는 여러 유물들과 작품들이 전시되어 있는데, 특히 김홍도가 그렸다는 부모은중경 그림 경판이 인상적이었다.

1. 천보루의 내부 - 이곳에서 기도를 했다

2. 천보루의 목어가 특이한 모양을 하고 있다
　참 멋지다

3. 천보루의 창으로 대웅보전이 보인다
　이곳에서 정조 대왕도 기도를 하였을까?

1. 정조의 마음을 움직인
   부모은중경이 모셔져 있는 효행 박물관
2. 박물관에는 부모은중경을 직접 인경해서
   가져올 수 있는 체험의 장이 있다
3. 부모은중경 목판
4. 부모은중경 인경본 - 경전의 내용을
   그림으로 그린 부분들이 있다
   김홍도의 솜씨라고 한다

화산 용주사

시간은 기다려주지 않고 ··· 조별로 단체사진을 찍고 사도세자의 능(융릉)

을 향해서 이동했다. 매표소를 지나 약 1km정도의 숲길을 지나면 양지바른 산비탈에 모셔진 능이 보인다. 정조 대왕이 생전에 하지 못한 효를 다하려는 마음을 담아서인지 아주 멋지게 꾸며졌다는 느낌이 든다. 이곳은 2009년 유네스코가 정한 세계 문화 유산으로 지정되어 있다. 매표소 갈림길에서 반대편으로 가면 정조 대왕의 능(건릉)이 나오는데 융릉에 비해서는 그 규모가 작고 소박하다. 아버지의 능보다 크지 않게 조성한 것이다.

우리 모두는 예외없이 부모로부터 왔다. 그러니 한쪽 가슴에 찡하게 울리는 감동은 모두가 한가지였을 터. 시간은 기다려 주지 않고 또다시 돌아가야 할 시간이다.

아쉬움을 뒤로하고 진주로 향했다. 효찰대본산 용주사에서 우리가 감동을 받은 것은 이곳이 화려해서도 아니고, 왕이 대대적으로 큰 불사를 해서도 아니다. 이곳의 모든 것들에 정조 대왕의 마음이 담겨 있기 때문이다. 그리고 그 마음에 감응을 해서 우리들의 마음도 깨우쳐지는 것이리라. 언제나 시간은 기다려 주지 않는다.

5. 융릉 앞에서 사진을 찍었다
   스님들에게도 부모님이 계시다
   그리고 많은 스님들이
   지혜의 눈으로 보면 큰 효도를 하고 있다

6. 일반인들이 들어갈 수 없는 용주사 뒤쪽 선원을
   멀리서 찍었다
   중요한 위치에 시계가 걸려 있다
   절집에서도 가장 중요한 것은 시간이다

김홍도가 그린 오대산 월정사의 모습 - 가운데 월정사의 상징인 팔각구층석탑이 보인다

6.

오대산
월정사

문수 보살의 지혜는
마음을 여는 것이니
이는 간절한 기도에서 나온다

월정사의 풍경 - 적광전을 중심으로 펼쳐지는 전각의 규모가 상당하다

고려시대 석탑양식으로
부처님을 상징하는 탑신이
연꽃 받침 위에 앉아 있는 모양이다

문수보살을 모든 부처님의 어머니라고도 한다.
문수보살은 지혜를 상징하는데,
지혜는 불교의 근본이기 때문이다.
불교에서 지혜란 무엇일까?

무착 스님의 문수보살 친견 … 오대산에서 수행하던 무착 스님께서 문수보살을 친견한 이야기는 유명하다. 전삼삼 후삼삼(前三三 後三三)이라는 이야기로 검색만 하면 금방 찾아 볼 수 있으며 그 이야기의 마지막 부분에는 문수보살의 게송이 나온다.

성 안내는 그 얼굴이 참다운 공양구요(面上無瞋供養具)
부드러운 말 한 마디 미묘한 향이로다(口裡無瞋吐妙香)
깨끗해 티가 없는 진실한 그 마음이(心裡無瞋是眞寶)
언제나 한결같은 부처님 마음일세(無染無垢是眞常)

불교에서 지혜는 똑똑한 것이 아니다. 청정한 본래 마음, 깨끗해 티가 없는 진실한 그 마음을 깨치는 것이 불교의 지혜이다. 그러니 불교 공부는 머리를 쓰면서 하는 것이 아니다. 옳다거나 옳지 않다거나, 좋다거나 나쁘다거나 하는 것이 마음에 있는데, 어떻게 깨끗하고 티 없는 마음이 되겠는가?

그냥 아무 조건을 달지 않고 모든 것을 던져서 간절히 기도하는 것이 불교의 지혜에 가까워지는 가장 빠른 길이다. 부처님께서도 그러셨고 문수보살님께서도 그러셨고, 많은 조사님들이 그러셨고, 많은 스님들과 선배 수행자님들이 모두 그렇게 공부하셨다.

이렇게 얻은 지혜는 흔들리지 않고 세상의 모든 일들을 해결할 수 있는 힘이 되어 줄 것이다. 스스로가 맑아지고 맑아져서 마음에 달이 뜨는 것을 본다면 따로 문수보살을 찾을 것도 없으리라.

무착 스님께서 가마솥 위에 나타나신
문수보살에게 밥주걱을 휘두르고 있다
이런 그림은 불교에만 있을 것이다
아직도 문수보살 형상을 따라가고 있다면
공부가 부족한 것이다

지혜(智慧)는 소통이다 … 지혜의 한자, 智慧를 조금 풀어보면 이렇다.

智 : 알지知 아래에 날일日이 있으니 밝은 해에서 훤하게 보인다는 뜻이다.
慧 : 마음 심心 위에 돼지머리 계크가 있고
　　그 위에 넉넉할 봉丰 자가 2개 올려져 있다.

　참 묘한 모습의 글자로, 智는 목표를 慧는 방법을 나타내고 있다. 그 방법이 똑똑한 머리가 아니고, 마음심 자 위에 안테나를 2개 세워서 마음이 세상일들을 감지하는 구조로 되어 있다.

　정확한 글자 해석은 아니지만 무릎을 치고 감탄을 할 만하다. 지혜를 한마디로 표현하면 소통이 되는 것이 아닌가. 마음을 열고 세상과 소통하는 것 그것이 불교에서 말하는 지혜가 된다. 그러려면 마음에 걸림이 없이 맑아야 할 것이다.

자장율사의 문수보살 친견 … 자장율사는 636년에 중국 오대산으로 유학을 가고 그곳 문수사에서 기도하던 중에 문수보살을 친견한다.

　자장율사는 "너희 나라 동북방에는 일만의 내가 상주하고 있으니 그곳에서 다시 나를 친견하라"는 문수보살의 말씀과 함께 범어로 된 게송을 받고 신라에 돌아오자마자 문수보살이 상주한다는 오대산에 들어가 임시로 초가를 짓고 머물면서 다시 문수보살 만나기를 고대하며 정진하였다.

　자장율사는 문수보살을 친견하지 못하고 태백 정암사에 들어가 입적하게 된다. 비록 문수보살을 친견하고자 하는 뜻은 끝내 이루지 못했으나 이로부터 월정사는 오대산 깊은 계곡에 터를 잡게 되었다.

　자장율사가 중국의 오대산에서 문수보살을 친견하며 받은 범어로 된 게송의

팔각구층석탑 꼭대기의 청동 장식이
마치 안테나 같다
문수보살의 지혜를 상징하는 듯하다

팔각구층석탑 앞에 보살님들이 저마다 자유롭다 - 불교의 지혜를 멀리서 찾지 말자

월정사 주지이신 정념 스님

　　　　　오대산 월정사

내용은 다음과 같다.

가라파좌낭 일체의 불교 이치를 다 알아내었다
달레치거야 자기의 본성은 아무것도 없다
낭가사가낭 불교 이치를 이렇게 해석한다
달레로사나 노사나를 곧 본다

깊은 기도 속에서 지혜가 나온다는 것을
기도를 깊이 해 본 이들은 안다
그 지혜가 모두를 편안하게 하는 진짜 지혜이다

지혜는 간절한 기도에서 나온다 … 불교의 지혜를 공부하면 할수록, 지혜를 얻기 위해서 가장 빠른 길은 기도라는 것을 알 수 있다. 본래 아무것도 없는 본성에 자꾸 관념의 안개를 피우고 있어서야 언제 노사나불을 뵐 것인가.

오늘은 월정사에 49재가 있는 날이어서 적광전을 사용하지 못하고, 무량수전에서 예불을 올리고, 108 예참을 하였다. 문수 성지에서의 기도는 참으로 뜻 깊은 일이라 하겠다. 이것이 산사 순례의 힘일 것이리라.

월정사 주지 정념 스님의 법문을 듣고 있으니 마치 중국 오대산의 문수보살님을 친견하고 있는 듯한 마음이 들었다. 법문 후 점심 공양과 각자 간단히 월정사를 둘러본 후에 상원사와 사자암(중대)을 거쳐 적멸보궁으로 오르는 약 3km의 등산길에 나섰다. 그곳은 자장율사께서 당나라에서 가지고 온 부처님 사리를 모셔 놓은 곳으로 우리나라 5대 적멸보궁 중 한곳이다. 오르는 길은 숨차고 힘들었지만 적멸보궁에 올라서는 부처님의 경이로운 기운을 느끼며 우리 모두는 행복한 시간을 보냈다. 머리 위에는 예쁜 등이 가득 달려 있어 더 아름다웠다. 참배를 하고, 사진을 찍고, 적멸보궁의 기운을 느끼는 시간들이 모두에게 너무나 짧게 느껴졌으리라.

이곳 적멸보궁 어디에 부처님의 사리를 모셨는지는 모른다고 한다.

자녀와 함께 문수의 지혜를 배우고 있다

기념 촬영을 위해서 모인 2조 회원님들

팔각구층석탑을 바라보며 탑에 대한 설명을 듣고 있다 - 저마다의 모습이 진지하다

오대산의 오대

월정사에서 출발하여 … 상원사와 사자암을 지나 적멸보궁을 다녀오는 것이 이번 산사 순례의 코스였다. 중대 사자암과 함께 북대 미륵암, 서대 염불암, 남대 자장암, 동대 관음암의 5대가 지도에 표시되어 있다. 오대산의 이름은 이 5대를 가리키고 있다.

오대산은 마치 산 전체가 불교 성지로 꾸며진 듯한 느낌을 준다.

북대 미륵암과 미륵 부처님

중대 사자암과 비로자나 부처님

동대 관음암과 관세음보살 부처님

서대 염불암과 석가모니 부처님

남대 지장암과 지장보살님

월정사에서 산을 더 오르면 만나게 되는 상원사의 풍경 - 김홍도 그림

상원사에서 산을 더 오르면 중대 사자암이 있고, 사자암 위쪽으로 적멸보궁이 보인다 - 김홍도 그림

문수 성지 상원사

1. 상원사는 전통과 현대와의 조화에
   많은 노력을 한 것으로 보인다
2. 상원사에 모셔진 무수보살과 문수보살 동자상
3. 자객으로 부터 세조의 목숨을 구한 고양이의
   석상(문수전 앞)

4. 우리나라에서 가장 오래된 상원사의 동종
5. 동종에 섬세하게 조각된 비천상 무늬
   - 얼마나 정성을 들여서 만들었는지 알 수 있다

문수보살은 사자를 타고 다닌다 … 오대산은 중대 동대 서대 남대 북대의 5개 봉우리를 나타내는데 각각에 대표적인 암자들이 있다. 특히 상원사 오르는 길에는 사자암이 있는데, 사자는 지혜를 상징하는 동물로서 문수보살이 타고 다닌 데서 비롯된 이름이다. 문수 성지에만 있을 법한 암자 이름이라 하겠다.

개에게 공을 던지면 개는 공을 쫓아 가는데, 사자는 공을 던진 사람을 쫓아 온다고 한다. 불교의 지혜가 이와 같다. 자기의 본성을 보지 않고, 관념을 쫓아 다니는 것이 공을 쫓는 것과 같은 것이다. 스스로가 사자 같은 지혜를 가지고 있는지 다시 돌이켜 볼 일이다.

오대산은 산 전체가 마치 불교의 교과서처럼 느껴졌다.

적멸보궁 오르는 길에 있는 사자암 - 가파른 언덕에 특이한 구조로 지었다
사자암을 지나 조금만 오르면 적멸보궁이다

1. 늘 사진 찍느라고 바빴던 심진행 보살님이 적멸보궁에서는 자신을 찍었다
   이곳에서는 누구든 사진을 꼭 남기고 싶었을 것이다

2. 적멸보궁의 내부에는 부처님을 모시지 않는다 - 금빛 벽이 부처님을 상징한다

3. 적멸보궁 뒤쪽에 부처님의 진신 사리를 모셨다는 표시를 한 아담한 비석이 세워져 있다
   - 사리가 어디에 모셔졌는지는 아무도 모른다고 한다

잣을 먹고 있는 다람쥐와의 유쾌한 인연 - 그들이 살아야 우리도 산다

다람쥐와의 인연 ··· 적멸보궁에서 내려오는 길에 다람쥐가 잣을 먹고 있는 모습을 보았다. 사람을 보자 잣을 두고 쌩하니 도망가 버렸다. 사람들이 잣을 주우려 하는 것을 그냥 두라고 하였다. 다람쥐에게는 귀한 양식이 아닌가.

　문수보살을 친견하고자 하는 마음에서는 다람쥐의 그 작은 양식도 귀하게 여기려는 정성이 필요할 것이다. 불교의 지혜는 소통이니까 말이다.

아름다운 풍경을 공짜로 받는 것이니
감사하고 감사할 일이다

7.

설악산
신흥사

설악산의 아름다운 절경 속 신흥사
- 규모가 크지는 않지만 산사는 부처님의 향기로 가득하다

설악산은 언제 보아도 환상적이다 - 마치 신선들이 살 것 같은 느낌이 든다

가을의 신흥사 … 설악산의 아름다운 절경 속에 조계종 제 3교구 본사 신흥
사가 있다. 출발하면서부터 벌써 많은 이들의 마음이 들떠 있는 것이 보인다.
가을 단풍철이니 관광객들도 많을 것이다. 10월의 새벽 공기는 꽤나 쌀쌀하
다. 코 끝에 느껴지는 냉기가 상쾌하다. 새벽별이 반짝이는 것으로 보아 날씨
는 좋을 것 같다.

신흥사에 극락보전이 있는 것은 너무 당연해 보인다
설악산은 누가 보아도 극락 같다 - 뒷산의 단풍은 아직 이르다

설악동 초입에서 바라본 설악산의 모습

설레임으로 가득한 설악산 가는길 … 거리상으로 먼 길이라서 새벽 5시에 출발을 했다. 늦잠을 주무신 분이 계신지 곧 도착한다고 2분만 기다려 달라는 연락이 왔다.

앞에서도 이야기했듯이 규칙은 냉정해야만 모든 것들이 조화롭게 돌아간다. 버스는 어김없이 5시에 출발을 했고, 음식을 싣고 가는 봉고차가 2분을 기다려 주는 것으로 하였다. 그분에게 그 2분은 매우 감사한 시간이었을 것이다.

먼 길이라 휴게소를 두 번이나 거치고 강릉을 지나며 버스는 바닷가 길을 달렸다. 진주에서도 가까이 바다를 볼 수 있지만 동해바다의 시원함은 참 대단하다. 불교의 깨달음이라는 것이 이렇게 툭 터져서 시원하게 한없이 푸르른 것이겠다. 가을 하늘 역시 너무나 푸르다. 하늘이 바다에 비친 것인지 바다가 하늘에 비친 것인지, 해인삼매의 세계가 모습을 드러낸 듯하다.

바닷가 길을 따라 한참을 달리면 속초 못 미쳐서 설악산 휴게소 옆으로 설악동 들어가는 길이 나온다. 설악산이 가까워질수록 산세가 점점 아름다워지면서 설악의 품에 점점 안기고 있음을 느끼게 된다. 설악동에 들어서면 마치 신선이 사는 곳에 온 듯 아름다운 설악의 절경이 한눈에 들어온다

할머니를 따라온 손녀의 맑은 모습에서 설악산의 아름다움이 더욱 크게 다가온다.

남을 위한 기도 … 설악동 초입에는 매우 큰 청동 불상이 있는데, 통일을 기원하는 뜻에서 10여년의 노력으로 1996년 완성되었다고 한다. 잠깐 동안이지만 간절하게 참배를 하였다.

누구든 기도를 시작하는 이유는 자기 자신을 위해서이다. 그런데 묘하게도 오랫동안 기도를 하다 보면 점점 남을 위한 기도도 간절히 하게 된다. 남이 실제로는 남이 아니라는 것을 조금씩 깨달아 가기 때문일 것이다.
나와 남이 둘이 아니고 세상과 내가 둘이 아닌, 본래는 모두 하나인 그 도리를 기도를 통해서 깨우치며 마음이 열리는 것이다.

통일 대불 앞에서 참배하는 사람들의 모습에서 깊은 신심이 느껴진다

대불의 부처님 상호가 원만하시다

설악산은 계곡이 크고 물이 많은 곳으로도 유명하다

참배를 마치고 주변 경치를 무한히 감상하며 신흥사로 향했다. 예상대로 사람들은 많았다. 단풍은 아직 절정이 아닌 듯 시원하게 색이 들지는 않았다. 2주 정도만 더 있으면 온 산이 불타듯 아름다울 것으로 보인다. 맑은 공기, 아름다운 경치, 선선한 바람 이런 곳에서는 기도가 저절로 될 것 같다.

가을 꽃에 아름다운 나비가 순례길을 반겨주고 있다
이곳이 극락이 아니겠는가

신흥사의 유래 ⋯ 신흥사는 진덕여왕 6년(서기 652년) 자장율사가 창건하여
향성사라고 하였는데, 효소왕 7년(서기 698년)에 화재로 없어졌다. 지금은 그
자리에 켄싱턴 호텔이 세워져 있고 3층 석탑만이 남아 있다.

　화재가 있은 지 3년 후에 의상조사께서 능인암 터에 다시 절을 지어 선정사
라고 하였는데 조선 인조 20년(서기 1642년)에 다시 화재가 발생하여 소실되
었다. 그 2년 후 영서(靈瑞), 혜원(惠元), 연옥(蓮玉) 세 분의 고승들께서 중창
을 서원하고 기도 정진을 하는 중에 백발의 신인이 나타나서 지금의 신흥사
터를 점지해 주었다고 한다. 절 이름은 신인(神人)이 길지(吉地)를 점지해 주
어 흥왕(興旺)하게 되었다 하여 신흥사(神興寺)라 한 것이라 한다.

어느 절이든 흥망성쇠의 창건 설화를 가지고 있으며 그 이야기들은 매우 흥미롭다. 마치 한 사람 한 사람의 다른 인생을 보는 듯하다. 모두가 다른 삶을 살고 모두가 나름의 흥망성쇠를 겪지만, 그 모든 것들이 참 행복이고, 극락정토인 것을 부처님께서는 가르치셨다.

그래서 불교 공부를 한 이들은 강하면서도 자비롭고, 냉정하면서도 모든 것을 포용하는 폭넓은 삶의 태도를 지니게 된다. 기도해서 맑아진 마음에는 이런 흥망성쇠가 있는 그대로 비치며 한바탕 재미있는 꿈일 수 있을 것이다.

다른 방향에서 본 신흥사의 전경 - 아늑한 느낌이다

설악산 신흥사

이런 곳에서는 기도에 저절로 힘이 붙는다

예불을 하기 위해 극락보전에 모이고 있다

신흥사를 참배하는 사람들과 설악산의 조화가 참 아름답다   신흥사 너머로 권금성 케이블카의 줄이 보인다

어느 방향에서 보아도
아름다운 모습들이 만들어진다

신흥사의 극락보전은 그 역사만큼이나 운치가 있다. 그 그늘에서 간절한 기도를 올리고, 108예참을 하였다. 오늘은 어떤 바람보다도 모든 것에 대한 감사함에 힘을 주었다. 이 아름다운 풍경을 공짜로 받았으니 말이다. 감사하고 감사할 일이다.

　먼 길을 가야 하고 관광철이라 차가 막힐 수 있어 점심 공양 후에 바로 출발을 하였다. 절을 둘러보는 일정은 공양 전에 마쳤다. 돌아가는 길에 있는 휴휴암에 들르고자 하는 생각도 있어서였다.

쉬고 또 쉬는 휴휴암 … 쉬고 또 쉰다는 의미의 휴휴암은 바닷가에 부처님 형상의 바위가 발견되면서 불자들 사이에 유명해졌다. 100평 정도의 바위인 연화법당에 오르면 200m 앞에 왼쪽 해변으로 기다란 바위가 마치 해수 관음상이 감로수 병을 들고 연꽃 위에 누워 있는 모습처럼 보인다. 그리고 휴휴암 앞바다에는 바로 발 앞에 무수히 많은 물고기 떼가 들어오는 곳으로도 유명하다.

휴휴암 앞 연화법당에서 사람들이 물고기를 감상하고 있다

연화법당에서 바라본 자연스러운 모양의 해수관세음보살 상이다

　마침 우리가 도착해서 바닷가에 내려갔을 때 화려한 물고기 떼의 쇼가 펼쳐졌다. 참 신기해 보이는데, 방생을 많이 해서라고도 하고, 먹이를 주어서 그렇다고도 하고, 회귀성 어종이라 그렇다고도 하지만, 나는 마음에 그 원인이 있다고 말하고 싶다. 사람이든 짐승이든 마음 편한 곳에 모이기 마련인데, 이곳 부처님 도량이 물고기들 마음도 편하게 한 것이 아닐까. 한바탕 물고기와 노닐다가 아쉬움을 뒤로하고 버스에 올라 진주로 향했다.

휴휴암의 물고기 떼

최채림 회장님 부부가 함께 오셔서 휴휴암의
관세음보살상 앞에서 기념촬영을 하셨다
함께하시는 모습에서
언제나 행복하실 것임을 알 수 있다

어느 순례보다 참 감사함이 가득했던 순례였다. 그래서인지 돌아가는 자비회 회원들의 마음도 더 편안해 보인다. 108 순례를 잘 했다는 생각이 들면서 이렇게 순례를 할 수 있는 여건이 되도록 해 주신 여러 인연들께 다시 한번 감사를 드렸다.

아, 아무리 감사하고 감사해도 끝이 없을 것만 같다.

날마다 좋은 날 되소서!

대한불교 조계종 송학사 108산사 순례단

단체 사진 속 사람들의 표정을 보라
- 따로 행복하시라고 말할 필요가 없다

날마다 좋은 날 되소서!
대한불교 조계종 송학사 108산사 순례단

날마다 좋은 날 되소서!
대한불교 조계종 송학사 108산사 순례단

미륵 보살은 바로 나 자신이다

금강문을 지나고 이어서 천왕문을 지나면
법주사 경내로 들어선다

천왕문 뒤쪽으로 법주사 팔상전의 아래위가 얼핏
보인다 - 나무 두 그루가 마치 사천왕처럼 서 있다

천왕문의 사천왕상 - 보호를 위해 철조망이 쳐져 있다

사천왕문을 들어서면 바로 팔상전이 보인다
팔상전은 부처님 일대기를
그림으로 표현한 팔상도를 모신 전각이다
팔상전 앞에서 스님의 안내를 받고 있다

모두가 법주사의 가을을 즐기고 있다 - 이들 모두가 시인이 아닐까

우리 모두는 시인이다 ⋯ 제 8회 산사 순례지는 속리산 법주사이다. 단풍이 남하해서 지금은 충청도쯤이 가장 아름다울 때이다.

"바스락 낙엽 밟는 소리 누군가 밟지 않아도 귓전에 스치는
11월 속리산 법주사와의 만남을 위해
7시 출발"

- 마하연 보살 순례 후기 중에서 -

아. 낙엽의 소리를 누군가 밟아야만 들을 수 있다면 너무 둔하다. 보살님의 섬세한 표현이 참 멋지다. 혹시 순례의 효과는 아닐까라는 지레짐작을 해보다가 혼자 웃었다. 스님들이란 참 항상 그렇게 공부에 관심이 가는가 보다. 불교 공부는 다양한 모습으로 나타나는데, 어찌 보면 사람이 정말 사람다워지는 공부가 아닐까 한다. 시인이 따로 있는 것이 아니다. 세상의 아름다움을 그대로 느낄 수 있으면 시인이리라. 불교 공부를 마음 공부라고도 한다. 마음이 열리면 세상에 받아들이지 못할 것이 없고, 느끼지 못할 것도 없을 것이다. 열린 마음으로 세상을 보는 이가 시인 아니겠는가.

미륵 부처님 ··· 법주사 들어가는 길은 아름답기로 유명하다. 그 길이가 오리 정도 된다 하여 '오리숲'이라는 애칭을 가지고 있다.

낙엽 밟는 소리를 들으며 한참을 걷다 보면 법주사가 보일 때쯤 커다란 부처님 모습이 먼저 보인다. 부처님 존안을 뵙는 순간 환희심이 밀려온다. 우리의 미래 부처님, 미륵 부처님이시다.

천왕문 뒤에서 미륵부처님께서 자비로운 모습으로 계신다 - 심진행 보살님의 표정도 참 편안하다

미륵보살은 인도에서 태어나 석가모니의 교화를 받으면서 수도하다가, 미래에 성불하리라는 수기를 받은 뒤 도솔천에 올라갔고, 지금은 천인(天人)들을 위하여 설법하고 있다고 한다. 그러나 석가모니불이 입멸(入滅)하여 56억 7000만 년이 지난 뒤, 인간의 수명이 차차 늘어 8만 세가 될 때 이 사바세계에 다시 태어나 화림원(華林園)의 용화수(龍華樹) 아래에서 성불하며, 3회의 설법 [龍華三會] 으로 272억 인을 교화한다고 하였다.

가까이 다가서 보면 미륵 부처님을 상당히 크게 조성하였다
많은 이들이 이곳을 참배하기 위해 찾는다

미륵 부처님의 수인 ··· 미륵 부처님의 수인의 의미는 다음과 같다.

오른손 - 시무외인(施無畏印)

오른손은 시무외인(施無畏印), 다섯 손가락을 가지런히 펴서 손바닥을 밖으로 향하게 하여 어깨 높이까지 올린다. 중생의 어떤 소원이라도 다 들어주며 자비를 베풀어 두려움과 고통에서 벗어나게 해준다는 뜻을 지닌다.

왼손 - 여원인(與願印)

왼손은 여원인(與願印), 다섯 손가락을 편 상태에서 손바닥을 위로 향하게 하여 손 전체를 내린다. 부처가 중생에게 대자대비를 베풀어 중생이 원하는 바를 달성하게 함을 뜻한다.

팔상전 앞에서 안내를 받고 있는 대중들을 미륵 부처님께서 바라보고 계시다
- 마치 그들에게 미소짓고 계신 듯하다

미륵은 메시아 … 미륵 부처님을 이해하는 것은 의외로 기독교를 이해하는 것과 참 비슷한 면이 있다. 미륵(彌勒)은 인도의 고대어를 음사한 것인데 산스크리트어로는 Maitreya 마이트레야, 팔리어로는 Metteyya 메티아이다.

그래서 기독교의 메시아가 미륵에서 유래되었다는 설도 있는데, 직접 연구한 것은 아니지만 그 내용이 비슷한 것임은 틀림이 없다. 즉 미륵은 불교에서의 구세주에 해당하는 의미를 갖는다.

미륵 부처님 앞에서 조별 기념 촬영을 하였다 · 등 뒤에서 든든한 버팀목이 되어 주신다

연꽃 의자에 앉아 계신
마애여래의상
- 고려시대의 불상으로
미륵 부처님이시다

192

실제 수행은 만만치 않음 … 불교 공부는 한편으로는 참 단순하다. 간단하게는 '공'과 '연기'만 배워도 될 것이라 여겨진다. 결국은 아무것도 없다는 것이고, 그것을 알면 어디에도 집착할 필요가 없으며 툭 터져서 자유로운 경계에 설 수 있는 것이다. 말로는 참 쉽다.

그러나 실제 수행과정에서는 참 만만치가 않은 것이 불교 공부이기도 하다. 머리로는 모두가 공한 것임을 잘 알고 있는데, 어떤 현상에서는 화도 나고, 또 애착이 생겨서 포기하지 못하는 일들이 비일비재하게 일어나니 말이다. 자기 혼자이든 아니면 다른 이와 함께이든 직접 수행에서 부닥쳐 보면, 수도 없이 복잡한 경우가 나타나고, 또 수도 없이 다양한 싸움을 벌여야만 한다는 것을 경험으로 알 수 있다.

미륵 신앙은 대중 신앙 … 근기에 따라서 어떤 이는 깨달아 부처가 되고, 어떤 이는 오랫동안 깨닫지 못하고 윤회를 거듭한다. 그러면 근기가 약해 깨닫지 못하는 사람들은 어떻게 해야 할까. 스스로 번뇌와 집착을 끊어내지 못하는 사람들은 어떻게 해야 하는 것일까. 사실 주변을 둘러보면 그런 분들이 훨씬 더 많다. 스스로가 그렇다고 느끼는 사람도 많을 것이다.

마애여래의상 앞에서 나의 도반이자 법주사 강사인 오성 스님의 설명을 듣고 있다
- 이들 모두의 마음속에 부처님의 씨앗이 들어 있어 인연을 기다리고 있다

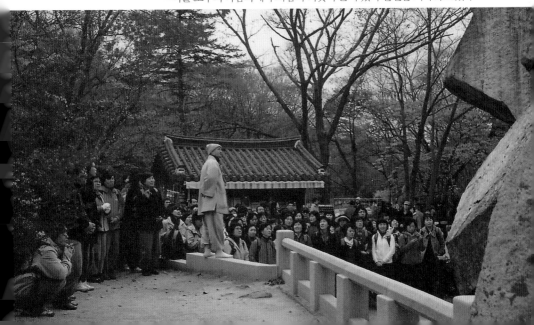

그런 사람들은 포기해야 하는 것일까? 이들의 손을 사랑의 마음으로 잡아주시는 분이 미륵 부처님이시다. 미륵 부처님을 의지해서 우리는 또 한 걸음 깨달음의 길로 나아갈 수 있는 것이다. 우리가 어떤 조건에 있다고 하더라도, 어떤 상태에 있다고 하더라도 끝까지 우리를 행복의 길로 인도해 주는 분이신 것이다. 얼핏 보아도 미륵 신앙은 참 대중적인 신앙이 아닐 수 없다.

그렇다면 미륵 부처님은 어디에 계신 것일까?

청동 미륵불 아래에는 석실이 있어서
많은 이들이 참배하러 들어간다

30미터가 넘는 청동 미륵불 아래에는 용화전이라는 법당이 조성되어 있는데, 그곳에 미륵반가사유상이 모셔져 있다. 다른 이름으로는 태자사유상이라고도 한다. 부처님께서 출가하시기 전 태자 시절에 숲에서 사색하시던 모습이다. 모두들 잠시 들어가서 경건한 마음으로 참배를 하고 나왔다. 출가 전 고타마 싯다르타는 아직 부처님이 되신 것은 아니지만, 미래에 부처님이 되실 분이시다.

석실 내부에는 미륵반가사유상이 모셔져 있다

왜 미륵 부처님 상 아래에 태자사유상을 모셨는지 알겠는가?
불교에는 밖에서 들어온 것은 나의 보물이 아니라는 말이 있다.
모든 것을 사랑으로 포용해서 세상을 행복하게 하는 미륵 부처님이 계신 곳
은 참 분명하다.

나에게는 이들이 미륵 부처님으로 보인다

큰 규모의 법주사 대웅전 - 삼존불이 모셔져 있고, 그 규모 또한 최고이다

대웅보전에 모셔진 삼존불
- 비로자나부처님(가운데)은 우리의 마음을, 아미타 부처님(왼쪽)은 우리의 덕을, 석가모니 부처님(오른쪽)은
우리의 몸을 상징한다

법주사의 대웅전 … 법주사의 대웅전은 2층 건물로 가장 큰 규모의 삼존불이 모셔져 있다. 가운데는 법신 비로자나불, 왼쪽에는 보신 아미타불, 오른쪽에는 화신 석가모니불이시다. 우리가 미륵신앙을 통해서 도달해야 할 곳이 어디인지를 명확하게 보여주는 듯하다. 미래의 부처님이신 고타마싯다르타 태자께서 스스로가 청정 법신 비로자나불임을 깨달아 아시고, 극락정토의 아미타불이 되셔서 걸림 없는 세계에 사시며 석가모니불로 세상에 나타나셔서 많은 중생을 구제하셨다는 이야기가 큰 그림으로 그려진다.

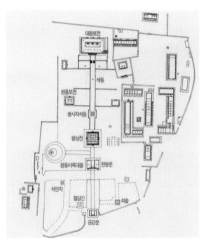

법주사의 배치를 자세히 관찰해 보면 부처님의 마음이 느껴진다

법주사의 전경

197

법주사 팔상전 - 부처님 일대기인 팔상도가 모셔져 있다

법주사에는 우리나라에 유일하게 남아 있는 최대 규모의 목조탑인 팔상전이 있다. 이곳에는 부처님의 일대기를 그림으로 표현한 팔상록이 보관되어 있다. 이 또한 그 모든 것들이 부처님의 생애에 다 들어 있는 것임을 아주 큰 소리로 말해주는 것 같다.

감사한 하루 … 대웅전에서 지극한 마음으로 기도를 올리며, 불교의 그 장엄함을 느껴 본다. 모든 이의 구원자가 되어 주시는 미륵 부처님의 사랑에 감사하며 한 점 티끌도 남기지 않고 온전히 깨달아서 세상의 주인공으로 살아 가고, 또 세상 사람들의 구원자가 되어야 하리라.

팔상전에 모셔진 부처님과 팔상도

법주사는 미륵신앙의 그 깊이를 그대로 담고 있다. 우리는 미륵 부처님께 간절히 기도하는 것으로 그 모든 복을 받을 수 있다는 것에 감사하지 않을 수 없다.

그러한 감사의 마음이 오랜 세월 동안 쌓여왔던 때문일까. 법주사는 국보와 보물이 참 많은 곳이다. 이들을 감상할 수 있었던 것 또한 오늘의 큰 행복이었다.

팔상전의 가운데 기둥 - 팔상도가 사면에 걸려 있다

한 점 티끌도 남기지 않고 온전히 깨닫기를...

미륵 부처님을 어디서 따로 찾으려 하는가...

법이 머무는 곳이 어디인가...

이 모습을 보며 나는 더 바랄 것이 없다...

마곡사는 극락교 위쪽과
아래쪽의 두 부분으로
나뉜 구조를 갖는다

대웅보전

대광보전

심검당

응진전

오층석탑

9.

태화산
마곡사

극락교

국사당

명부전

천왕문

영산전

해탈문

흥성루

깨달음은
앉은뱅이가 일어나 걷는 것과 같고
장애는 그 마음에 있다

마곡사의 대웅전 오르는 길- 기도를 하기 위해서 바로 대웅전을 향하고 있다

마곡사는 명당

··· 12월 올해의 마직막 순례는 마곡사이다. 예로부터 기근이
나 병란이 없는 십승지지(十勝之地) 가운데 하나인 곳으로 여러 사람들이 한
동안 은신한 곳으로도 유명하다. 대표적으로 김구 선생, 생육신인 김시습, 그
리고 천주교 신자들이다.

제일 높은 곳에 2층 건물의 대웅보전이 있고 아래쪽에 앉은뱅이의 전설로 유명한 대광보전이 있다

대웅전의 싸리나무 기둥

마곡사의 대웅전 … 대웅전에는 석가모니 부처님을 중심으로 아미타 부처님과 약사여래 부처님이 모셔져 있다. 2층 규모의 대웅전 기둥은 4개의 싸리나무 기둥으로 되어 있는데, 사람이 죽으면 염라대왕께서 마곡사 싸리나무 기둥을 몇 번이나 돌았는지 묻는다는 설화가 있다. 싸리나무 기둥을 안고 돌면 아들을 낳는다는 설화도 있어서 기둥에는 사람의 손때가 묻어 지금도 윤기가 가득하다.

대웅보전에 모셔진 삼세불
- 석가모니 부처님
  아미타 부처님
  약사여래 부처님

대웅전의 아름다운 천장
- 어디를 가든 법당의 천장을 보면 그 장엄함에 감탄할 때가 많다

대광보전에 모셔진 백의관음도
- 그 아름다움에 한참을 보고 있었다

대웅전 아래 대광보전 ··· 대웅전 아래에는 대광보전이 있는데, 비로자나불이 모셔져 있고, 그 뒤쪽에 백의관음도라는 매우 유명한 불화가 있다. 감탄이 절로 일어나는 불화를 바라보며 이러한 그림을 우리 아이들이 직접 보고 배울 수 있었으면 하는 바람을 가져 보았다.

대광보전 앞에서 조별로 단체 사진을 찍었다
- 지붕 위로 대웅보전의 지붕이 보인다

대광보전 내부의 아름다운 모습. 비로자나 부처님께서 옆으로 앉아 계신다

바닥에 깔린 카페트를 들추면 삿자리가 깔려 있다

앉은뱅이의 전설 ⋯ 이 대광보전에는 앉은뱅이의 전설이 있다. 걸을 수 있기를 소망하며 100일 기도를 하던 앉은뱅이가 있었다. 그는 공양 올릴 삿자리를 짜며, 100일 기도를 하였다. 기도를 하는 과정에서 앉은뱅이는 깨달았다.

'내가 가진 업보가 얼마나 큰데 감히 부처님께 그런 소원을 빌다니⋯ 얼마나 공덕을 쌓아야 지은 죄업을 다 씻을 수 있을 것인가. 슬프고 슬프다'

진심으로 감사 기도를 할 수 있다면 이제 되었다.

태화산 마곡사

100일 동안의 기도로 깨달은 것은 첫째도 참회요 둘째도 참회였던 것이다. 그 참회 속에서 앉은뱅이는 걸으려는 소원을 빌기보다는 길가에 무심히 핀 들꽃이 소중하고, 그것이 살아 있음을, 내가 살아 있음을 느끼며, 그 무엇에건 감사하게 되었다. 들꽃과 함께 호흡하고 나를 느끼는 것 자체만으로도 그는 부처님께 감사했다. 그렇게 삿자리를 완성하고 부처님께 기어가 자신이 할 수 있는 마지막 절을 올리고 법당을 나왔다. 그런데 이것이 어찌된 일이가? 그가 걸어 나오고 있는 것이다. 자신도 모르게 그는 어느새 걷고 있었던 것이다.

그는 다시 한 번 다짐했다. 부처님의 자비를 하늘과 바람과 나무와 숲 그리고 모든 살아 있는 이들에게 회향하겠노라고. 그리하여 나누는 삶, 자비의 삶을 살겠노라고.

장애는 마음에 있는 것 … 이 이야기는 마곡사의 꽃이다. 우리의 기도가 어떤 것인지를 너무나 잘 설명해 주고 있는 것이다. 아직도 무엇인가를 바라는 기도를 하고 있다면 더욱 간절하게 기도를 해 볼 필요가 있겠다. 가장 훌륭한 기도는 참회의 기도이며, 감사의 기도이다.

세상의 누구든 모든 복을 가진 사람은 없다. 어떤 이는 부모가 없고, 어떤 이는 자식이 없고, 어떤 이는 재산이 없고, 어떤 이는 팔이나 다리가 없고, 어떤 이는 재주가 없고, 등등

그런데 이들이 모두 장애가 있는 것은 아니다. 불구는 내가 선택할 수 없는 것이지만, 장애는 내가 선택할 수 있는 것이다.

앉은뱅이가 정말 걸은 것인지는 잘 모르지만(물론 나는 실제 걸었을 것이라 생각한다) 기도를 통해서 그것이 더 이상 장애가 되지 않은 것이 분명하다.

참회와 감사가 기도의 모든 것 … 우리가 성지 순례를 다니면서 배워야 하는 것이 무엇인지를 이 마곡사의 앉은뱅이의 전설이 아주 정확하게 설명해 주고 있는 것이다. 기도가 깊어지면 깊어질수록, 간절하면 간절할수록 나의 바람보다는 참회와 감사에 촛점이 맞추어진다. 그 이유는 간단하다. 기도를 통해서 열린 지혜로 그것이 보이기 시작하는 것이다.

올해의 마지막 달에 마곡사를 방문해서 이 이야기를 함께 나누는 것은 참으로 멋진 일이고 감사한 일이었다.

김구 선생의 변화 ⋯ 김구 선생도 같은 느낌이었을까?

국모 민비를 시해한 일본에 대한 보복으로 일본인 장교를 살해한 후 피신처였던 마곡사에서 김구 선생도 그 앉은뱅이와 같은 경험을 한 것이 아닌가 생각해 본다. 마곡사에서 승려가 될 결심을 하고 눈물의 삭발식을 하게 되었으니 말이다. 이후 그는 상하이에서 조국의 임시정부를 지키는 수장이 되었고, 지금까지도 국민들의 존경을 받는 민족의 지도자가 되었다. 그 또한 나라를 잃은 백성으로 앉은뱅이로 살 것인지, 아니면 당당한 독립국의 한사람으로 살 것인지 스스로 결정했을 것이다.

앉은뱅이의 간절한 기도를 어디에서 볼 수 있을까

이것이 불교이다 ⋯ 마곡사에는 눈에 띄는 아름다운 굴뚝이 있는데, 천주교 박해가 심할 때 신자들이 마곡사에 은신하면서, 기와를 굽고 흙을 빚어서 만든 것이라고 한다. 100일 기도를 한 앉은뱅이의 눈에 천주교 신자들이 어떻게 보였을까. 타종교의 이방인으로 보였을까? 그렇지 않다. 그들 역시 아름다운 생명이고 감사해야 할 대상이었으리라. 이것이 바로 불교인 것이다.

깨달음은 장애를 없애는 것 ⋯ 마곡사에는 문수, 보현 보살께서 지키고 계신 해탈문이 있는데, 이곳을 지나기 전과 이곳을 지난 후에는 무엇이 달라지는 것일까? 나는 이렇게 표현해 보고 싶다.

　해탈문을 지나기 전에는 앉은뱅이였고, 해탈문을 지나면 걸을 수 있다.

　우리 모두는 지금 앉은뱅이인지도 모른다. 그리고 그것은 스스로가 만든 앉은뱅이이기도 하다. 기도하고 기도해서 스스로의 존귀함을 알고 그것에 감사하기 시작하면, 드디어 세상과 하나되어 걷기 시작하는 것이다.

마곡사의 해탈문 - 해탈문을 지나기 전과 지난 후는 무엇이 달라지는 것일까?

대광보전의 주련에 쓰여진 글은 이렇다.

淨極光通達(정극광통달) 고요함의 끝에서 빛은 걸림 없어
寂照含虛空(적조함허공) 온 허공을 머금고 고요히 비출 뿐이라
雖見諸根動(수견제근동) 비록 육근(귀,눈,코,혀,몸,뜻)이 유혹을 만날지라도
要以一機抽(요이일기추) 한마음을 지킴으로써 단번에 뽑아버린다
却來觀世間(각래관세간) 물러나와 세상 일을 돌아보니
猶如夢中事(유여몽중사) 모두가 마치 꿈속의 일과 같네

　김구 선생은 평생을 독립 투사로 민족의 지도자로 보내고 48년만에 마곡사를 찾아와 이 주련을 보며 바로 자신의 이야기라고 감동하며, 감회에 젖었다고 한다.
　더 이상 꿈속의 일에 끌려 다닐 필요가 있을까. 적멸의 세계에서 고요히 허공을 비추는 그 빛을 함께 느끼며, 어디에도 끌려다니지 말고 꿈 같은 세상사를 함께 즐겨 볼 일이다.

1. 마곡사를 다시 찾아 대광보전 앞에서 기념 촬영을 한 김구 선생

2. 김구 선생의 기념 식수

대광보전 앞에 서 있는 오층석탑

멋진 회향 … 마곡사의 마당에는 참 특이한 5층 석
탑이 있다. 라마교의 영향을 받은 모양이라고 하는데,
언제나 어디에나 상주하시는 부처님을 상징하는 탑이
라고 한다. 나라의 기근을 3일간 막을 수 있다는 전설
도 전해지고 있다. 이곳에서 앉은뱅이의 참회 기도를
되새기며 탑돌이를 하였다. 오늘만은 어떤 것도 바라
지 않고 오직 감사의 마음만으로 기도하였다.

이렇게 많은 이들이 함께 먼 길을 와서 이렇게 멋진
도량에서 간절한 마음으로 기도하고 있는데 무엇을
더 바란단 말인가. 감사하고 감사할 뿐이다. 올해의
성지 순례의 멋진 회향이다.

5층 석탑에 조각되어 있는 부처님의 모습

앉은뱅이의 마음을 느끼며
그 어느 때 보다도
간절한 마음의 탑돌이가
되었다

한 해를 보내면서 ....

한해를 아무 탈없이 산사 순례를 할수 있게 도와주신 자비(회)
회원님들께 진심으로 감사의 인사를 전하고자 합니다.
無心으로 놓쳐버린 것을 有心으로 구하고자 하는 우리들의 바램
지식을 익히면 지식에 우롱당하고 재물을 지니면 재물에 우롱당합니다
행복이 멀리 있다고 생각 하십니까? 늘 마음이 일어나는 발 밑을
보실수 있기를 바랍니다. 108 번뇌를 버리고 마음을 찾아 떠나는
그 걸음걸이 에서 볼수 있기를 바랍니다.
　　다사인는 기축년 에도 복 많이 지으시기 바랍니다
　　　송학사 주지　松綠

　　하루를 지내고 나면 더 즐거운 하루가 오고
　　사람을 만나고 나면 더 따스한 마음으로 생각하고
　　좋은 일이 생기면 더 행복한 일을 만들수 있는
　　아름다운 새해가 되기를 기원 합니다
　　　1조 심 선 월 드림.

　　새해 첫날을 웃음으로 시작할수 있다면 행복의 시작입니다.
　　더 따뜻한 마음으로 생각하고, 더 넉넉한 마음으로 베풀고,
　　보다 겸손한 마음과 여유로움으로 가득찬 새해를 맞이하기를 바랍니다.
　　새해 복 많이 받으시고 바라는 바 모두 이루는 기축년 한 해가
　　되시길 ....
　　　　　　　　　　　－2조 무상행 올림 －

"다가오는 기축년 새해에도 하시고자 하는 일 모두 성취하시길 바라며 가정과 직장 행복과 건강이 항상 가득하시길 기원 합니다.."

(기조) 원 명 화

순례단을 시작한 무자년이 다가올 기축년을 위해 물러날 준비를 하고 있습니다 꾸준한 그늘에 항상 깨끗한 정화수가 되어 숨겨주시는 회원님들 기축년 새해에도 가족모두 건강하시고 항상 함께 할우셨거늘 부처님전에 기도합니다 - 3조 새성화 =

자비회 회원님들사 쉼없는 가운으로 기축년은 같이 내달일우않는 한해가 되어 미소 지어새비요 2009년! 가정에 행운과 행복이 충만하시기를 기원 합니다 - 3조 선재행 -

- 성불 하십시오 -

송학사 108 산사 순례단 자비회

한 해를 보내면서 ⋯ 한 해를 마무리하며 운영진들이 감사의 편지를 썼다. 손으로 쓴 편지가 참 정겹다.

滿空堂月面大禪師真影

我不離沙々不離東汶渌
生苟々審尘甚彦 〇

泫空月面

수덕사에서
소장하고 있는
경허 선사 진영

수덕사에서
소장하고 있는
만공 스님 진영

10.

덕숭산

수덕사

덕산도립공원(덕숭산지구)종합안내도

덕숭산(450m)

전월사

정혜사
만공탑
향운각(관음상)
소림초당

화소대
수덕사

견성암
취송당

선수암
환희대

극락암
사천왕문
금강문
일주문(매표소)

경비실

덕숭산문

주차장

갈산방향

어디에도 걸리지 않고 스스로 주인공으로 산다

큰스님의 향기 ··· 근현대사에서 불교의 중흥을 이루어 내신 분이 경허선사님이시다. 경허선사께는 만공, 해월, 수월 3분의 제자가 있으셨는데, 그 중 만공 스님께서 수덕사에 주석하시면서 많은 제자들을 지도하셔서 수덕사는 현대 선불교의 중심지가 된다. 지금도 수덕사의 선방과 암자에는 철마다 많은 스님들이 안거를 하고 있다.

새해에 첫 순례지가 수덕사인 것은 참 의미가 깊다. 이미 입적하신 큰스님들을 친견하지는 못하지만 그분들의 향기를 느끼고 한번 더 그분들을 생각하는 것만으로도 큰 공부가 될 것이기 때문이다.

일주문 - 오르고

금강문 - 또 오르고

사천왕문 - 또 오르고

대웅전 앞마당 계단 - 또 오르고

황하정루 - 또 오른다

드디어
부처님 계신 곳에 올라서
밝은 표정으로 섰다
불교는
끝없이 수행하는 것이 아니라
정확하게 목적지가 있다
이곳에서 경허 선사를 만난다

덕숭산 수덕사

경허 선사 이야기 … 경허 스님은 9세에 출가해서 큰스님들의 지도를 받으며 20대에 이미 동학사의 강사로 추대되어 그 이름을 떨치고 있었다. 불교 경전뿐만 아니라 유학이나 노장 사상에도 달통했었다고 한다.

그런데 31세 되던 해 여름에 비를 피하려 들른 마을에 악성 돌림병(콜레라)이 유행하여 수많은 사람들이 죽어가고 있었다. 스님은 밤을 새며 두려움에 떨다가 깊이 깨달았다. 그동안 공부했던 불교나 여타의 지식이 아무 도움이 되지 못했다는 것이다. 그때부터 스님은 일절 사람을 만나지 않고 오직 화두만을 참구하기 시작했다.

여사미거 마사도래(驢事未去 馬事到來)
나귀의 일이 가지 않았는데 말의 일이 닥쳐왔다

이 화두는 어떤 스님이 불법의 대의가 무엇인지 물은 것에 대한 경허 선사의 답변이다. 잠이 오면 송곳으로 무릎을 찔러 가며 용맹정진을 계속하시던 중 어느 날 문득 소가 되어도 콧구멍 뚫을 데가 없으면 된다는 말을 들으시고 큰 깨달음을 얻으셨다. 이후 6년간의 보림(깨달은 본성을 잘 보호하여 자기 것으로 만드는 것)을 하시고 본격적으로 활동을 시작하시면서 크게 선풍을 일으키셔서 한국 불교에 새로운 역사를 쓰시게 된다.

이는 참 유명한 이야기이기도 한데, 한국 불교에서 간화선이 새롭게 부활하게 되는 순간이라고도 볼 수 있다. 이후로 지금까지 한국 불교에서 간화선 수행은 아주 중요하고 효과적인 수행법으로 계속 전승되어 많은 이들이 화두를 들고 공부하고 있다.

지식을 활용하는 주인공은 어디에 … 사람들이 처음 절을 찾을 때는 무척 위기의 순간인 경우가 많다. 그동안 자신이 믿고 살았던 것이 어느 날 아무 쓸모가 없어지면서 큰 혼란에 빠지기 때문일 것이다. 스님들의 지도에 따라 기도하고 수행하면서 그 위기를 극복하고 새로운 삶을 살아가는 사람들을 참 많이 보았다. 그렇다면 어떤 경우에도 흔들리지 않게 나를 지켜 주는 것은 무엇일까? 지식이라는 것이 필요 없는 것은 아니다. 공부를 열심히 해서 지식을 많이 쌓아 두는 것이 꼭 나쁜 것은 아니다. 중요한 것은 그 지식을 활용하고 있는 주인공이 있다는 것이다. 그 주인공이 어디에도 끌려 다니지 않고 제대로 작동하면 언제 어디서나 한결같이 스스로에게도 걸림이 없고 주변에도 걸림이 없는 지혜가 발현된다. 그런데 우리는 대부분 그 주인공은 버려둔 채 어딘가에 집착해서 살고 있다는 것이 항상 문제가 되는 것이다.

꾸준한 수행으로 끝까지 … 경허선사의 용맹정진은 그 모든 것들을 넘어서서 자신의 주인공을 제대로 찾아 만나는 것을 의미한다. 이 공부에서는 아무 지식도 도움이 되지 않고, 어떤 경험도 도움이 되지 않는다. 오직 화두 하나에 집중해서 스스로 파고 들어가야만 하는 것이다.

단순한 아름다움이 돋보이는 수덕사의 대웅전이 마치 선사의 모습 같다

대웅전의 옆모습 - 벽화나 단청 없이 단순하다 그렇지만 너무나 아름답다

대웅전 내부의 지붕 - 있는 그대로의 모습을 보여준다

대웅전의 부처님

예불을 하고 예참을 하는 것도 화두를 참구하는 것과 크게 다르지 않다. 염불을 하면 모든 생각을 접고 염불 소리가 나오는 곳에 집중하게 된다. 절도 마찬가지이다. 쉼 없이 절을 하다 보면 모든 생각들이 떨어져 나가고 오직 절하는 데에만 몰두하게 된다. 그래서 수행은 어떤 것이든 한 가지를 끝까지 꾸준하게 하는 것이 매우 중요하다.

산사 순례 또한 출발할 때부터 도착할 때까지 오롯이 마음 공부에 집중할 수 있고 매달 꾸준하게 할 수 있는 참 좋은 공부방법이라 하겠다.

어떻게 살 것인가의 화두 … 수덕사의 대웅전은 가장 오래된 고려시대의 목조건물로 백제의 곡선을 보여주는 것으로 유명하다. 문화재에 대한 지식이 없더라도 대웅전을 보는 사람들은 저마다 그 아름다움에 감동을 하게 된다. 그 법당에서 예불을 올리고 수덕사 총무스님이신 정암 스님의 법문이 있었다. '어떻게 살 것인가'라는 화두로 한 해를 보낼 것을 말씀하셨다.

그렇다. 결국은 그 모든 것들은 '어떻게 살 것인가' 하나로 귀결되는 것이다.

108참회문을 읽으며 기도를 하고, 3층 석탑과 5층 석탑에서 법성게를 읽으며 탑돌이를 하고, 12시 20분 맛있는 점심 공양을 하고, 평소보다 조금 서둘러서 조별 사진 촬영을 하였다.

대웅전 앞에서의 탑돌이 - 먼 길을 올라와서 부처님을 뵙는 귀한 시간이다

정혜사의 설정 스님 … 조금 서두른 것은 정혜사를 다녀오기 위해서였다. 정혜사는 수덕사 위쪽에 있는 암자인데, 경허 스님의 제자이신 만공 스님께서 수행하시던 곳이다. 지금은 수덕사 조실이신 설정 스님께서 수행을 하고 계신다. 설정 스님은 만공 스님의 제자 중 한 분이신 원담 스님의 제자이시다. 그러니 경허 스님의 증손자뻘이 되신다.

정혜사를 향해서 숲길을 오르고 있다

정혜사에 도착하는 마지막 계단을 오르고 있다
- 연세 많으신 보살님들도 잘 오르신다

큰스님을 친견하고 나오는 사람들

주인공으로 살기 ··· 정혜사에 올랐을 때 마침 설정 스님께서 직접 나오셔서 자비회원들을 반가이 맞이해 주시고 또한 선방에서 잠시 법문까지 해주셨다.

큰스님을 친견하고 스님들이 참선 수행하는 곳인 선방을 활짝 열어서 신도들에게 공덕을 지을 수 있는 기회를 주신 스님의 덕화가 생각난다.

삼계의 종으로 살지 말고 온 우주의 주인으로 살아라. 내가 주인이면 악을 품을 것이 없고, 베풀지 못할 것이 없다. 경허 스님도, 만공 스님도, 원담 스님도, 오늘 법문을 주신 설정 스님도, 누군가에게 무엇을 달라고 애원한 것이 아니다. 수행을 통해서 스스로 주인의 자리에 앉은 것이다.

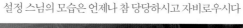

설정 스님의 모습은 언제나 참 당당하시고 자비로우시다

지금 내 코에는 구멍이 뚫려 있을까 아닐까? 어딘가에 매여서 한없이 종노릇을 하고 있는 것은 아닌지 다시 한 번 생각해 볼 일이다. 선사들의 이야기가 조금 어려울 수는 있지만 조금만 깊이 들어가면 그만큼 시원하면서도 정확한 말들이 없다. 말씀 하나하나가 마치 보약을 먹는 것 같다고나 할까.

선지식의 힘 ··· 만공 스님께서는 경허선사의 법을 이어 받아 이곳 수덕사에서 비구 보월, 용음, 고봉, 금봉, 서경, 혜암, 전강, 금오, 춘성, 벽초, 원담, 비구니 법희, 만성, 일엽 등 당대 최고의 고승들을 배출했다.

한 사람의 깨달음이 얼마나 세상에 큰 영향을 미치는 것인가. 이분들 한 분 한 분이 문중이 되어서 현재 한국 불교의 큰 부분을 받치고 있는 것이다.

만공 스님께서 조성하셨다는 마애불 - 사람들이 참배를 하고 있다

비판보다 공부가 우선 … 수덕사를 뒤로 하고 돌아가는 길에 경허 스님을 생각한다. 여러 기행(奇行)으로 논란도 참 많은 분이셨다.

　그런데 공부하는 이들에게 당부하고 싶은 것이 있다.

　경허 스님을 평가하려 하지 마라.

　정확하지도 않을 뿐더러 공부에 도움이 되지도 않는다. 오직 수행에만 전념할 일이다. 나의 수행이 완성 되어서 큰 스님과 같은 경지에서 볼 수 있다면 제대로 보일 것이다. 그 전에는 모두 잘못 본 것이다.

진정한 불자는 스스로를 살피기에도 바쁘다
- 기도에 열중하시는 거사님들

정혜사에서 바로 보는 풍경
- 높은 곳에서는 이렇게 시원한 풍경이 저절로 펼쳐진다
정상에 오르기 전에 상상해서 풍경을 만들지 말자

11.

황악산
직지사

직 지 사 안 내 도

일주문
사천왕문
세존탑
만세루
관음전
사명비각
명부전
비로전
응진전
약사전
불교연수원
극락전
강원
천불전

안내문
사물 안내자료및 해설이 필요하시면
뒷편 해설사 사무실로 요청하세요
무료로 안내해드립니다.

모든 경전과 모든 말씀
불교의 모든 것은 한곳을 향하고 있다

1. 일주문 앞에서 안내를 하는 해설사
   - 요즘은 주요 절 어디서든
     해설사의 안내를 받을 수 있다
2. 직지사는 일주문에서 대웅전까지 오르는 길이
   땅의 모양을 따라 굽어 있다
   고정관념에 얽매이지 않는 불교의 이런 유연함은
   언제나 멋지다
3. 해설사의 안내를 받으며 천왕문을 들어서고 있다

사천왕님들이 반갑게 맞아 주신다

현대적인 직지사 … 아침 일찍 진주에서 출발하여 직지사에 도착해서 바로 사찰 안내를 받았다. 신라시대에 창건된 직지사는 1000년이 넘는 역사를 자랑하지만, 막상 직접 보면 대부분의 건물이 현대에 지어진 것임을 알 수 있다.

그도 그럴 것이 임진왜란 때 사명대사께서 출가하신 절이라는 이유로, 일본인들에 의해서 거의 모든 전각들이 불타 없어져서 현재는 옛 건물들이 존재하지 않는다.

지금의 전각들은 1960년 이후에 직지사 스님들의 헌신적인 노력으로 하나하나 세워진 것이다. 예스러운 맛은 조금 부족하지만 그래도 정갈하게 정돈된 가람의 모습은 오는 이들의 신심을 충만하게 하기에 충분하다.

직지사에서 출가하신
사명대사 영정이 모셔져 있는 곳이다

사명각에 모셔진 사명대사
- 이곳에서 사명대사에 대한 재가 지내진다고 한다

직지사의 대웅전 - 부처님께 가는 길에 관문이나 장애물이
있는 것도 아니고, 그 길이 멀거나 험한 것도 아니다

대웅전에 모셔져 있는 삼존불
- 마음만 먹으면 언제든 바로 만날 수 있다

똑바로 가리키다 ··· 직지사의 직지(直指)는 '바로 가리키다'는 뜻이다.

　불립문자(不立文字)·직지인심(直指人心)·견성성불(見性成佛)과 통하는
의미로 '문자에 의존하지 않고 모든 사람이 가지고 있는 참된 마음, 곧 불성을
똑바로 깨치고 밝히면 부처를 이룬다' 라는 선종의 가르침에서 유래된 이름이
다.

대웅전 앞에 두 탑이 마음을 가리키듯이 텅 빈 허공을 가리키고 있다

마음을 가리키다 … 우리의 모든 삶을 결정하는 것은 글이나 말이 아니라 우리의 마음이다. 그러니 불교 수행에서는 글이나 말을 따라다니지 말고 그 마음을 보는 데 집중해야 한다. 글이나 말은 그 마음을 보기 위한 도구인 것이다. 글이나 말에 의존하지 않고, 또 다른 어떤 것에도 의지하지 않고, 그 마음을 곧바로 가리켜 본다고 하면, 자신의 본래 성품을 발견하고, 불도를 이룬다. (여기서 조심할 것은 글과 말에 걸리지 않는다는 것이지, 글과 말을 보고 듣지 말라는 것은 아니다)

비로전 앞의 석탑도 허공을 가리키고 있다

그 마음이라는 것이 본래는 어디에도 걸림이 없고, 자유자재한 것이어서, 시원하게 열리면 어떤 문제든 다 해결할 수 있다는 것이 불교 공부의 핵심이다. 직지사는 이렇듯 그 이름에서부터 불교 공부를 어떻게 할 것인지를 바로 밝히고 있다.

성웅 스님 법문 ⋯ 일주문에서 시작하여 대웅전까지 사찰 안내를 받고 대웅전에서 예불을 올렸다. 예불 후에는 바로 108참회문을 읽으며 예참하고, 직지사 주시이신 성웅 스님의 법문을 들었다.

　지금 올린 절은 정신과 몸 그리고 호흡을 수행하는 것이다. 뼈와 살과 피와 체온에 영향을 미쳐서 오랫동안 절을 하면 건강뿐만 아니라 성격에도 영향을

비로전의 부처님 - 이 모든 분들이 실제로는 한곳을 가리키고 있는 것이다
　　　　참 단순하다
　　　　복잡한 것은 오직 나의 생각인 것이다

직지사 주지이신 성웅 스님

미친다. 의지가 강해지고, 머리가 좋아지고, 일의 능률이 오르며, 인격도 좋아진다. 이는 바로 마음이 안정되기 때문인데, 마음이 달라지면 생각과 행동이 달라지고 생각과 행동이 달라지면 운명이 달라진다.

그래서 절에 와서 기도하는 것이 삶을 바꾸는 것이다.

'초발심시변정각(初發心是便正覺)'이라는 말이 있다. 처음처럼 그대로 계속하면 문득 정각을 이룬다는 뜻이다. 처음 절에 들어설 때 그 마음 그대로 꾸준하게 수행하는 것이 중요하다.

항상 처음의 마음 그대로 맑고 밝게 활짝 웃으며 수행하는 자비회 회원님들이길 바라는 마음 한결같다.

불교는 타력에 의한 깨달음이 아니라 자력에 의한 깨달음이다. 아무리 좋은 절에 다니고, 아무리 좋은 스승을 만나고, 아무리 좋은 곳으로 성지 순례를 간

다고 하더라도, 스스로 수행하지 않으면 아무 소용이 없다. 스스로 수행에 참
여하고 많은 선지식들이 직지(直指)하고 있는 그곳, 모두가 가리키고 있는 그
곳을 향해서 나아가야 한다. 그래서 조금이라도 스스로 눈을 뜰 때에만 불교
에 들어온 가치를 갖는 것이다. 그렇지 않으면 그냥 시간만 낭비할 뿐이다.

모든 것을 배제하고, 그 어떤 것에도 끌려다니지 않고, 그 직지(直指)한 곳에 집중하는 것 그것이 가장 중요하다. 우리가 직지사에서 꼭 배우고 가야할 것이기도 하다.

법성게의 직지 … 스님의 자비심 가득한 법문을 듣느라 점심이 조금 늦었다. 늦은 점심은 더욱 맛이 있다. 잠시 휴식을 취한 후에 탑돌이를 하였다. 언제나처럼 법성게를 외우며 탑을 돌았다.

지금 직지를 하고 있다는 것을 아는가
- 선지식은 돌아가도록 하지 않는다. 항상 바로 알려준다

법성게에서 하고 있는 중요한 말은 무엇일까. 법성게 또한 직지(直指)를 하고 있다. 결국은 모두들 한곳을 가리키고 있는 것이다. 세상의 모든 것들은 어떻게 바꿀 수도 있고 고칠 수도 있겠으나 그 마음 하나를 돌이키는 것은 누구도 할 수 없다. 오직 자기만이 할 수 있는 것이다. 법성게에서 간절하게 이야기 하고 있는 것 또한 이것이다.

관음전 안에 관세음보살님이 보인다
- 모든 중생들이 부처님께서 가리키는 방향으로 잘 갈 수 있도록 언제나 보살피신다

자비회 회원님들과 함께 직지(直指)하고 있는 그곳을 바라보며 간절한 마음으로 탑돌이를 하고 약 1시간 정도의 여유로운 자유 시간을 가지며 직지사의 구석구석을 감상했다. 특히나 과거 에스러움의 아쉬움을 달래려는 듯 성보 박물관에는 다양한 불교 유물들이 정성스럽게 전시되고 있었다.

　　3시 20분 진주를 향해 출발했다. 11번째의 성지 순례인데 우리들의 기도가 어디에 집중되어야 하는지를 잘 이야기해준 곳을 다녀가는 듯하다.

부처님을 향한 모두의 마음이 한결같다

직지사에서의 장엄한 탑돌이
- 모든 부처님과 모든 조사님들께서
가리키시는 그 한곳을 생각하며
탑돌이를 한다

大雄殿

탑돌이를 하는 한 사람 한 사람의 마음이 모두 귀하고 귀하다

12.
팔공산
동화사

몸과 마음을 편안하게 해주는 약사여래의
가피를 받으려면 기도해야 한다

1902년대의 동화사 - 팔공산의 힘찬 기운이 느껴지는 사진이다
이때는 약사여래불이 없었다

사찰 안내를 받고 있다　　　　　　　　　대웅전 앞에서 설명을 듣고 있다

여행이 아니라 수행 ··· 12번째 순례지는 팔공산 동화사이다. 매달 한 번씩 순례를 하기 시작한지 어느덧 1년이 되었다.

이제는 모든 것들이 순조롭게 돌아간다. 여행하는 것이 아니라 수행하는 것임을 함께하는 자비회 회원들이 몸으로 느끼고 있는 듯하다.

동화사는 약사신앙 근본 도량이다. 절에 들어서자마자 커다란 석조 약사여래상이 보인다. 통일을 기원해서 통일대불이라고도 한다. 동화사는 중생들의 병을 고치는 약사여래 근본 도량으로 잘 알려져 있다.

차례대로 대웅전을 참배하고 있다　　　　　　　　대웅전의 삼존불

예불을 올린 통일대불전 - 창으로 약사여래불을 뵐 수 있도록 되어 있다

기도의 가피 … 대웅전에서 참배를 하고 새로 지은 대불전으로 이동을 하여 예불과 예참을 하였다. 동화사 주지이신 허운 스님께서 직접 나오셔서 법문을 해주셨다. 법문의 내용은 다음과 같다.

동화사는 통일 신라 시대 약사신앙의 발원지이다. 약사여래는 중생의 아픔과 슬픔을 소멸시키기 위해서 12가지 원을 세우고 부처님이 되신 분이다. 약사여래 12대원을 종합 요약하면 2가지로 이야기할 수 있다.

1) 마음의 근심을 풀어주시는 부처님
2) 몸의 질병을 없애주시는 부처님

약사여래께 간절하게 기도를 드리면 틀림없이 그 가피를 받을 수 있다. 그런데 기도할 때는 3가지를 잘 지켜야 한다.

대불전에서 바라본 약사여래불

- 음식을 가려서 먹어야 한다.
- 잠자는 것을 조절해야 한다.
- 사람 만나는 일을 줄여야 한다.

번뇌망상은 찰나에 온다. 그러므로 기도
하는 사람은 오직 기도의 맛으로 뜸을 들
이듯이 간절하게 기도를 해야 한다. 그러
면 가피가 오는 것은 확실하다. 그 가피는
세 가지 형태로 온다.

동화사 주지이신 허운 스님

243

약사여래불 앞에서 찍은 조별 단체사진 - 우리들의 몸과 마음을 편하게 해주소서

1) 현증가피 : 어느 날 문득 실제로 좋은 일이 생기는 것
2) 몽중가피 : 먹은 마음이 그대로 연장되어 꿈에 나타나고
　　　　　　　실제로 일이 이루어지는 것
3) 명훈가피 : 언제 어디서나 불보살님이 지키고 계시는 것

　기도의 가피는 자기는 느끼지 못하지만 어려운 고비를 넘어가는 것이다. 마치 어른의 손을 잡고 모르는 길을 가는 것과 같다. 기도의 최종 목적은 열반(해탈)을 성취하고자 하는 것인데, 이것은 번뇌가 가득한 삶에서 번뇌가 없는 삶으로, 자유롭지 않은 삶에서 자유로운 삶으로 해탈하는 것을 의미한다.
　열반을 이루면 4가지의 큰 공덕이 있다.

1) 항상 변하지 않는다(상주불변)
　어제나 한결같고, 언제나 그대로이다.
　자식들도 부모가 자꾸 변덕을 부리면 싫어한다.
　외부 세상이 어떻든 나는 항상 고요하게 변하지 않는다.

통일대불로 올라가는 길 - 동화사의 규모는 매우 크다

2) 늘 즐거움이 있다.
  좋고 싫음, 옳고 그름이 사라진 세계이다.
  그러니 따질 것이 없이 늘 즐겁다.

3) 참다운 나를 발견한다.
  늘 혹처럼 달라붙어 있던 탐·진·치(貪瞋癡)가 떨어져 나가서 '참 나'가
  보인다.
  탐貪은 불필요한 욕심을 내는 것이고, 진瞋은 화를 내며 이성을 잃는 것이
  고, 치癡는 물불을 못 가리고 책임 없는 행동을 하는 것이다.

4) 항상 청정하다.
  모든 생명의 근원은 항상 청정하다.
  청정하지 않으면 생명 유지가 어렵다.
  청정하기 때문에 봄이 오면 어김없이 풀이 나오고,
  때가 되면 배가 고픈 것이다.

성보 박물관에서 유물을 관람하고 있다

약사여래의 원력에서부터 깨달음의
세계까지 분명하고 정확하게 설명해
주신 주지스님의 말씀에 모든 것들이
명확하게 정리되는 느낌이다.

1시에 점심 공양을 하고 약간의 자
유 시간을 가진 다음에 2시부터 사찰
안내를 받았다.

역시 동화사는 총림답게 그 규모가
상당히 크고 모든 것을 다 갖춘 듯하
다. 특히 박물관에는 사명대사의 유
물과 함께 그분의 인품이 느껴지는
귀한 영정을 만나 볼 수 있었다.

사람들의 시선을 머물게 했던 사명대사의 진영

팔공산 동화사

약사여래불 앞의 탑으로 이어지는 탑돌이 - 우리 모두의 몸과 마음을 편안하게 하소서

통일약사대불 … 3시쯤 통일약사대불 탑돌이를 하였다. 통일약사대불은 1992년에 만들어진 아주 최근의 불상이다. 동화사 대중들의 마음과 마음이 모여서 이런 큰 불사를 할 수 있었을 것이다.

아무리 어려운 일이라도 아무리 큰 일이라도 마음과 마음이 모이면 이처럼 모두 이루어낼 수 있음을 알게 해 준다.

단지 그 마음을 내지 못하기 때문에 하지 못하는 것이다. 기도하는 것도 마찬가지이다. 마음을 내어서 기도하면 이루지 못할 것이 없다.

마음의 근심을 풀어주고 몸의 병을 낫게 해주시는 약사여래불의 큰 자비심에 감사를 드렸다. 그리고 108 산사순례자비회의 회원님들 모두 약사여래께 신심을 다해 기도해서 가피를 받아 몸과 마음이 편안해지고 열반에 이르러 자유로워지기를 기도했다.

약사여래불 앞에서의 아주 특별한 탑돌이

　동화사 또한 하루에 모두 볼 수는 없다. 그렇지만 약사여래의 가피와 이심전심의 마음으로 전해진 사찰의 오랜 가풍은 충분히 느낄 수 있었다. 통일약사대불 앞에서 사진 촬영을 하고, 낙관을 찍고 염주를 나눠주며 오늘의 순례를 마무리했다.

　신심 가득한 동화사를 뒤로하고 약사여래의 자비심을 가득 담아서 진주로 돌아오는 버스에 올랐다.

순서대로 순례를 확인하는
낙관과 염주 한 알을 받고 있다
염주 하나하나에
마음의 기도를 담았다
- 우리 모두의 몸과 마음을
  편안하게 하소서

13.
팔공산
은해사

불교 공부는 어렵지 않나니 나무아미타불만 할 수 있으면 된다

숲길을 따라서
은해사에 오른다

은해사 입구의 유명한 사랑나무 - 참나무와 느티나무가 서로 연결된 독특한 경우 - 나무들도 함께 사는 지혜가 있다

사랑나무를 왼편으로 돌면 아들을, 오른편으로 돌면 딸을 낳고, 사이가 좋은 부부가 손잡고 돌면 사랑의 묘약이 되어 화합한다는 설이 전해지고 있다

은빛 바다 … 갓바위로 유명한 팔공산에 위치한 은해사는 주변에 안개가 끼고 구름이 피어 날 때면 그 광경이 은빛 바다가 물결치는 듯 아름답다 해서 붙여진 이름이다. 그 모습을 보고 있노라니 마치 극락정토에 온 듯하다. 은해사는 그 이름에 걸맞게 대웅전에 아미타 부처님을 모신 미타 도량이다.

아미타불이 계신 곳은 극락정토인데 그곳에는 일체의 고(苦)가 없고 일체의 윤회(輪廻)도 없으며, 오로지 기쁨과 평안만 있는 곳이다. 우리 불자들이 모두 이르기를 소망하는 정토인 것이다.

각자 대웅전에 자리를 잡고 예불을 준비하고 있다

보화루를 지나면
은해사 앞마당으로 들어선다
- 극락정토로 들어가는 것 같다

보화루를 들어서면 바로 보이는 대웅전으로 발걸음이
향한다. - 대웅전에서 부처님을 뵙는 일은 언제나 어
느 절에 가든 불자들의 기본인 것은 모두 알고 있다

극락정토에 가는 것 … 극락정토에 가는 것은 그리 어렵지 않다. 살아서 열
심히 아미타불을 염하면 된다. 나무아미타불…나무아미타불… 이렇게 말이
다. 누구나 실천할 수 있는 것이다. 불교는 이렇게 쉽고 간단하다. 사실은 어
렵게 생각하고 접근할 것이 아무것도 없다.

그런데 왜 사람들은 불교를 어렵다고 느낄까. 그것은 스스로가 치고 있는 마
음의 벽 때문이다. 내가 벽을 치고 있는 것을 스스로가 잘 모를 뿐만 아니라
어느 정도 안다고 해도 스스로 벽을 허물려고 하지 않기 때문이다.

불교에서는 그 마음의 벽을 없다고 본다. 스스로 마음에 그림처럼 벽을 그리
고 있을 뿐인 것이다. 마음만 먹으면 그 벽을 없애는 데는 1초도 걸리지 않는
다. 기도를 깊이 하다 보면 그런 경험을 할 때가 오는데, 마치 어느 순간 마술
처럼 마음이 열리는 것을 경험하기도 한다.

은해사 대웅전의 아미타 부처님 - 편안하신 모습에 나무아미타불 염불이 저절로 나온다

마음에 걸림이 없이 나무아미타불을 편안하게 염송할 수 있다면 불교 공부가 많이 깊어지고 있다고 보아도 좋다. 그렇게 나무아미타불을 염송하며 생활할 수 있다면, 극락정토가 그곳이기도 한 것이다. 나의 은사 스님께서도 늘 '죽어서 극락 갈 생각 말고 지금 살고 있는 이곳이 극락이라 생각하고 살아라' 하신 말씀이 생각난다.

사찰 안내 … 은해사에 도착하니 포교 국장 스님께서 사찰 안내를 해주셨다. 여러 문화재를 안내해 주시면서 특히 526 나한님을 모신 거조암 영산전이 유명하다고 소개하신다. 최근에 나한기도를 많이 하고 싶었고, 송학사에 나한님들을 모시려는 원이 있었기에 더욱 관심이 갔다. 거조암 또한 108 순례의 한 사찰로 정해서 언젠가 꼭 다시 올 것을 다짐해 본다.

불교대학 강당에서 포교국장 스님께서 웃음 레크레이션을 해주셨다. 한바탕 실컷 웃었다. 스님께서는 웃음이 젊게 사는 비법이라고 하셨다. 역시 은해사는 미타 도량이 맞는가 보다. 극락정토에서는 늘 웃을 일만 있을 것이다.

국보로 지정되어 있는 거조암의 영산전
- 500나한님이 모셔져 있다

웃음 레크레이션 덕분인가 모두가 밝게 웃으며 단체 사진을 찍었다
- 극락정토 화이팅 1조(위), 2조(가운데), 3조(아래)

단순하면서도
아름다운 목조건물의 나한님들

일주문에서 마음까지 ··· 모두 즐거운 마음을 한껏 안고 있을 때 은해사 주지이신 돈관 스님께서 오셔서 법문을 해주셨다. 스님께서는 법문(法門)에 대해서 이야기를 해주셨다.

은해사 주지이신 돈관 스님

法文은 경전이고 法問은 불법에 대해 묻고 답하는 것이다. 法門은 부처님 가르침으로 중생을 열반에 들게 하는 문이라는 뜻이다. 그래서 부처님의 가르침을 전하는 것을 法門이라고 한다.

절은 그 자체가 법문이다. 일주문을 시작으로 여러 문을 거치고 법당에 이르는 길에서 이미 법문이 이루어지고 있는 것이다.

일주문(一柱門)은 사찰의 입구인데, 일심(一心)을 상징한다. 일심은 오직 한결같은 믿음으로 절에 들어서는 마음가짐을 바로잡는 것이다. 일주문을 지나면서는 이렇게 기도해야 한다.

1) 인과응보를 믿겠습니다.
2) 십선을 닦겠습니다.
3) 기필코 성불하겠습니다.

일주문을 지나면 사천왕문(四天王門)이 나온다. 불법을 수호하는 사천왕을 모시는 곳으로, 이 문 안에는 그림 또는 조상(彫像)한 사천왕을 봉안하게 된다. 사천왕께서는 무엇으로부터 불법을 수호하는 것일까? 그것은 바로 잘못된 마음인 탐·진·치일 것이다. 사천왕 문을 지나면서는 이렇게 기도해야 한다.

1) 의심을 하지 않겠습니다.
2) 고집을 피우지 않겠습니다.
3) 교만하지 않겠습니다.
4) 탐내지 않겠습니다.
5) 화내지 않겠습니다.
6) 어리석게 살지 않겠습니다.

사천왕문을 지나면 불이문(不二門)이 나온다. 불이문은 해탈문이라고도 하며 대웅전이 바로 보이는 곳에 세운다. 깨달음 또는 진리에 들어서는 문이라 하겠다. 이곳을 지나면서는 진리의 실천(육바라밀)을 기도해야 한다.

1) 모든 것을 다 베풀겠습니다.
2) 자기 역할을 다하겠습니다.

3) 어떤 어려움도 참고 견디겠습니다.
4) 나날이 좋은 날이니 항상 노력하겠습
    니다.
5) 모든 번뇌를 잠재우겠습니다.
6) 지혜롭게 살겠습니다.

 불이문을 지나면 법당에 이른다. 이곳
에서는 불·법·승 삼보에 귀의한 것이
니 다음과 같이 기도한다.

1) 부처님께 참회합니다.
2) 부처님 가르침에 감사합니다.
3) 스님들께 발원합니다.

기도 삼매에 들어 있는 이들은 이미
극락 정토에 있는 것이다

기도는 항상 나를 위한 것보다 남을 위한 것이 중요하다. 가장 가까운 곳에서부터 믿음을 가지고 감사할 줄 알아야 한다. 그러면 바로 자기가 서 있는 자리가 극락정토인 것을 알게 될 것이다.

부부가 함께 오는 모습은 언제 보아도 아름답다
- 극락을 어디에서 따로 찾을까

개근상 … 주지스님의 법문을 들은 것이 마치 한바탕 기도를 드린 것 같았다. 점심공양을 하고 108참회 기도를 올렸다. 비가 와서 탑돌이는 생략하였고, 그 대신 법성게를 3번 독송하였다.

이제 순례를 시작한지 만 1년이 지났다. 1년 동안 한 번도 빠지지 않은 분들을 한 분씩 호명하여 법정스님 잠언집, 〈살아 있는 것은 다 행복하다〉를 선물로 드렸다. 책이 이곳 미타도량 은해사와 참 잘 어울리는 것 같다. 기도하고 기도해서 스스로의 마음을 맑히면 살아 있다는 그것이 한없는 행복이며, 살아 있는 그 자리가 극락정토임을 잘 알게 될 것이다.

어떤 보살님의 순례 후기가 가슴에 와 닿는다. 극락정토를 조금은 느끼고 계신 듯하다.

새로운 시작의 첫출발, 이 순간 내가 받은 넘치는 사랑에 감사하게 되고 무엇을 고맙게 생각해야 하는지를 알게 하는 시간이었습니다.

- 무상행 보살의 순례 후기 중에서-

절대로 불교를 어렵다고 생각해서는 안된다. 그런 생각이 오히려 장애인 것이다. 미타신앙은 그것을 절실하게 이야기하고 있다고 보아도 될 것이다. 어렵다는 것은 생각으로 일종의 고정관념이다.

불교 공부는 전혀 어렵지 않고, 나무아미타불만을 꾸준하게 염송해도 그 최종 목적지에 도달할 수 있다. 그러니 무상행 보살님의 말처럼 매사에 감사하며, 기쁜 마음으로 정진하는 것이 가장 중요하다. 그곳에 우리 모두가 행복한 극락정토가 있기에….

언제나처럼 낙관을 찍고 염주를 나누었다. 3시 30분쯤 미타 도량 은해사를 뒤로하고 송학사로 출발하여 6시쯤 도착하였다.

성보박물관 관람

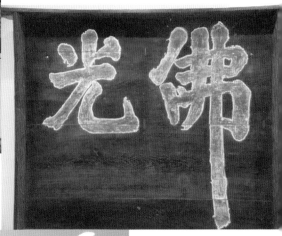

추사 김정희의 글씨

성보 박물관을 관람하러 가고 있다

대웅전의 아미타삼존도의 원본은 이곳 박물관에 모셔져 있다

은혜사의 옛 모습이
흑백사진으로 남아 있다

갓바위와 함께 은해사의 기도터로
유명한 쌍거북 바위
-나무아미타불

263

14.

토함산
불국사

명품을 만들지 못하는 것은 기술 때문이 아니고 마음 때문이다

불국토를 만들고자 했던 신라인들 … 불국사는 통일신라 김대성의 발원에 의해 창건된 사찰로, 과거·현재·미래의 부처가 사는 정토, 즉 이상향을 구현하고자 했던 신라인들의 정신세계가 잘 드러나 있는 곳이다.

『삼국유사』에는 김대성이 전생의 부모님을 위해서 석굴암을, 현생의 부모님을 위해서 불국사를 지었다고 전해진다. 그러나 그가 목숨을 다할 때까지 짓지 못하여 그 후 혜공왕 10년에 완성하여 나라의 복을 비는 절로 삼게 되었다.

토함산 불국사

일주문에 오르는 마음은 기대감으로 가득하다
비 내리는 불국사는 더욱 아름답다

불국사의 모든 것들은 사람들의 마음을 사로잡는다
- 비 속에서도 불국사를 둘러보느라 바쁘다

불교의 명품 ··· 불국사와 석굴암은 한국을 대표하는 사찰로 현재는 세계 문화 유산에 지정되어 있다. 가람 배치가 매우 단순한면서도 단정하고, 하나하나의 완성도가 매우 높아서 유물 대부분이 국보로 지정되어 있다.

불교에서의 명품을 묻는다면 아마 조금의 망설임 없이 불국사와 석굴암을 답할 것이다. 예술적으로나 기술적으로나 그것을 만든 이의 정성 면에서도 무엇 하나 빠질 것 없는, 매우 아름다운 유물이다. 불국토를 건설하려고 했던 신라인들의 마음이 그대로 전해지는 듯하다. 아쉽게도 복원이 완전하지 못해서 불국사 본래의 아름다움이 다 드러나지 않는다고 하는데, 본래 모습은 얼마나 더 아름다웠을지 참으로 아쉽고 궁금했다.

불국사에 도착해서 제일 먼저 대웅전 참배를 하였다. 사찰의 기운이 참 예사롭지 않음을 느낀다. 관광객들이 조금 적어서 방해받지 않고 절을 느끼고 싶다는 생각을 했다. 참배 후에 바로 사찰 안내를 받았다.

대웅전을 참배하고 있다

대웅전의 내부 모습

참배 후 바로 사찰 안내를 받았다 - 불국사는 보고 들을 것이 많은 곳이다

1. 사찰 안내를 받으며 불국토를 만들고자 했던 신라인들의 마음을 함께 느끼고 있다
2. 청운교와 백운교 앞에서 ...

12

연화교와 칠보교, 청운교와 백운교, 다보탑, 석가탑, 금동 비로자나불 등 너무나 유명한 유물들을 직접 보면서 설명을 들었다. 옛날 생각이 떠오르면서 마치 수학여행을 온 기분이 들었다. 사찰 안내를 마치고 비로전에서 예불을 보았다. 주지스님과 연이 닿지 않아 법문을 들을 수 없었기에 직접 간단하게 법문을 했다.

신심, 원력, 실천 … 우리가 성지 순례를 하는 데 가장 중요한 힘이 세 가지이다. 신심, 원력, 실천이다. 신심을 내어 원력을 세워 꼭 실천(실행)해서 108 순례를 끝까지 회향할 수 있도록 당부를 했다. 무슨 일이든 그렇게 이루어 내는 것이다. 불국사도 그렇게 지어졌을 것이다. 신심과 원력과 실천의 이면에는 하심과 무심이 있다. 하심은 마음을 낮추는 것이고, 무심은 마음을 비우고 사는 마음 조차 없는 것이다. 하심과 무심으로 절(기도)을 많이 하다 보면 업장 소멸과 소원 성취가 이루어진다.

불국사 뿐만 아니라 불교 유물들의 위대함은 만드는 이의 하심과 무심으로부터 출발하리라. 우리의 기도는 이렇듯 어떤 일이든 이루어 내게 하는 것이다.

조금 일찍 108 참회를 하고 낙관을 찍어주고 염주를 나누어 주었다. 점심 공양 후 석굴암에 오르기 위해서이다.

3. 불국사의 황금 돼지를 안고 있는 청산 거사님   4. 불국사 현판 앞에서 조별로 기념 촬영을 하였다

불국사에서 (2009.5.16)

다보탑의 아름다움

탑은 진리와 교감하는 안테나와 같은 의미를 갖는다
- 다보탑은 그대로 세계적인 명품 탑이다

1. 다보탑의 상륜부
2. 다보탑의 기단부 난간
3. 다보탑의 상층 기단
4. 다보탑의 돌사자

271

석가탑의 아름다움

단순한 조화가
석탑의 최고봉이라 할 수 있다

토함산 불국사

1. 석가탑의 상륜부
   - 조각이 매우 정교하고 아름답다

2. 석가탑 바닥 둘레의 연화문

3. 석가탑의 기단부
   - 이곳 내부에서
     세계 최초의 목판 인쇄본
     무구정광대다라니경이
     발견되었다

안개 속의 토함산 석굴암 일주문이 신비한 느낌을 준다 - 길을 따라 한참을 걸어야 석굴암이 나온다

명품이란 무엇일까

일주문을 지나 한참을 들어가면 석굴암의 석굴 입구가 보인다

명품을 만드는 것은 마음이다. … 석굴암은 신라 예술의 극치를 넘어서 동양 불교 미술의 대표적인 작품으로 평가되고 있다. 2시쯤 석굴암으로 출발하여 매표소 앞에서 내려 약 10분쯤 걸으니 석굴암의 전각이 눈에 들어온다. 가까이서 볼 수 있게 열린 형태로 복원되었으면 얼마나 좋았을까?

기술은 현대인들이 훨씬 뛰어날 것이다. 무엇이 부족해서 석굴암을 제대로 복원하지 못한 것일까? 2차 대전을 일으켰던 일본인들의 기술로도 잘 되지 않았다고 한다. 내가 볼 때는 간절한 정성이 부족한 것 같다. 신라인들이 석굴암을 만들 때의 마음과 정성을 현대인들이 흉내라도 낼 수 있을까.

그저 의무적으로 접근해서는 절대로 석굴암 같은 유물을 만들어내지 못할 것이다. 진심으로 부처님을 존경하고, 10대 제자님들께 감사하며, 이곳에 참배하러 오는 사람들까지도 귀하게 여길 수 있어야 신라인들이 석굴암을 만들 때의 그 마음으로 되돌아가 제대로 된 복원을 해낼 수 있지 않을까.

모두가 불교인이었던 신라인들의 그 마음 바닥에 넓게 자리한 하심과 무심… 석굴암은 이로부터 출발하여 만들어졌을 터이니 기술만으로 분석한 안목으로는 도저히 따라갈 수 없었을 것이다. 현대화라는 과학 문명 속에서 우리가 더욱 행복하지 못한 것도 같은 이유에서일 것이다.

힘은 마음에서 나온다. … 석굴암이나 불국사를 만들었던 그 마음으로 사람을 대하고, 무엇인가를 만든다면 그 모든 것들이 세계적인 것이 될 수 있을 것이다. 그렇다면 우리가 무엇을 공부해야 하는 것인지도 분명해진다. 불교는 낡은 것도 아니고 고리타분한 것도 아니고, 보수적인 것도 아니며, 촌스러운 것도 아니고, 도대체 무엇인지 모르겠다는 것도 아니다.

석굴암을 배경으로 이번 달이 생일인
마니주 보살님과 사진을 찍었다

마음을 쓰는 곳에서 명품도 만들어지는 것이다

석굴암의 아름다움

석굴 입구에서 바라본 석굴암의 내부 - 일반인은 들어갈 수 없다

장엄한 석굴암의 천장

석굴 내부에 모셔진
석가모니 부처님과
십대 제자들의 모습이
조각되어 있다

매우 분명한 것이고, 매우 현대적인 것이며, 매우 현실적이고, 매우 유연한 것이다. 그래서 불교 공부를 제대로 하면 어디에서든 큰 일을 해내고, 멋진 것을 만들어내는 사람이 되는 것이다. 진주로 돌아오는 길에 휴게소에서 회원님들과 잠시 경주빵 파티를 하였다. 경주빵을 만든 이도 불국사와 석굴암에서 힌트를 얻었을까? 아주 단순한 것이라도 제대로 만들기만 하면 세계적이다. 그리고 그 힘은 분명 기술이 아니라 마음에서 나온다.

마음 공부의 힘이 얼마나 무량한 것인가를 생각하면서 진주로 돌아오는 길에 나를 비롯해서 우리 모두가 부처님을 뵙게 되어 큰 지혜를 얻고 있으니 이것이 얼마나 크나큰 복인지를 새롭게 느꼈다.

석굴 입구를 지키는 금강 장사
- 마치 돌이 살아 있는 듯하다

석굴암의 사천왕상

마음을 어떻게 쓰느냐 하는 것이 곧 문화이다

15.

삼신산

쌍계사

왼쪽의 금당 영역과 오른쪽의 대웅전 영역이
서로 다른 방향으로 자리 잡은 쌍계사의 모습
- 금당 영역이 남쪽을 바라보고 있다

1. 대웅전 앞에서 본 쌍계사의 정경

2. 금강문 옆 계곡 - 쌍계사는 숲이 아주 가까이 있는
느낌을 준다

3. 숲의 고목이 신비롭다

4. 청량한 느낌의 수각

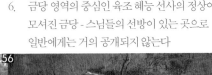

6. 금당 영역의 중심인 육조 혜능 선사의 정상이
모셔진 금당 - 스님들의 선방이 있는 곳으로
일반에게는 거의 공개되지 않는다

5. 쌍계사의 일주문

대웅전 앞에서 기념 촬영을 하였다

숲의 품에 안겨 … 쌍계사는 숲에 폭 안겨 있어 아늑한 느낌의 절이다. 계곡이 쌍을 이루며 양쪽으로 흐르고 있어서 쌍계라는 이름을 쓴다. 쌍계사는 계곡뿐만 아니라 절도 2개인 것처럼 보인다.

한쪽은 금당 영역, 다른 한쪽은 대웅전 영역이라 한다. 사진에서처럼 금당 영역은 남쪽을 향하고, 대웅전 영역은 서쪽을 향하고 있어 서로 다른 방향을 향하는 독특한 구조를 하고 있다. 쌍계사를 방문하면 대부분 대웅전 영역을 보고 오는 것이다.

금당 영역은 주로 스님들의 수행공간으로 쓰인다. 금당 영역의 중심인 금당에는 육조 혜능 스님의 정상(머리뼈)이 봉안되어 있다고 한다.

쌍계사는 선(禪)과 차(茶)와 범패(梵唄) 3가지로 유명하다. 중국에서 선종의 법맥을 이은 혜소 진감 스님께서 귀국하여 이곳 쌍계사를 중창하며 선의 가르침과 범패를 널리 보급하셨고, 중국에서 들여온 차나무도 이곳에 최초로 심어졌다고 한다. 약 1시간 정도 정암 스님의 사찰 안내를 받고, 쌍계사 주지스님이신 상훈 스님께서 선(禪)과 차(茶)와 범패(梵唄)에 대한 법문을 해주셨다.

금당 내부의 육조정상탑

- 탑 아래에 육조 혜능대사의 정상이 모셔져 있으며, 이는 쌍계사가 선맥을 잇고 있음을 상징한다

선(禪) … 선은 부처님 마음이라고 하고 경전은 부처님 말씀이라고 한다.

부처님의 마음을 배우는 것이 선이라면 부처님 마음은 어디에 있는 것일까.

절에서는 참선을 많이 한다. 그리고 스님들께서 화두를 주어 그것을 늘 마음에 두고 해결하도록 한다.

왜 그렇게 하는 것일까?

그것은 스스로의 마음이 이미 부처님의 마음이기 때문에 그것을 알게 하려는 것이다. 마음과 마음이 함께해서 부처님과 소통하면 지혜와 자유가 열리게 된다. 이렇게 마음이 통하게 되는 것을 이심전심이라 한다.

차(茶) … 차는 선을 실천하는 문화이다. 차를 마시는 과정에서 마음이 한곳으로 모이고, 여럿이 함께 차를 나누며 서로의 마음을 나눈다.

쌍계사 앞의 차 시배지 - 우리나라에서 차가 처음으로 심어진 곳이다
이곳뿐만 아니라 쌍계사 앞에는 수많은 다원이 있다

범패(梵唄) … 절에서 주로 재(齋)를 올릴 때 부르는 소리이며, 가곡·판소리와 더불어 우리 나라 3대 성악곡 중의 하나이다.

불교에서 재를 올릴 때 쓰는 의식 음악으로 일반적으로 절에서 스님들이 염불하는 것도 포함할 수는 있으나 전통적으로 아주 음악성이 뛰어난, 가락을 부르는 범패 전문 스님들이 있다.

큰 재가 있을 때는 외부에서 전문 스님을 초청하여 지내기도 한다.

쌍계사의 범패 공연

불교는 행복한 문화 … 문화는 삶의 질을 향상시키는 것이다. 현대는 서양 문화가 주류이지만 우리의 전통에서 그 가치를 찾을 필요가 있다. 음악도 서양 음악은 조작을 해서 음을 만들어내지만 우리 음악은 말하는 것처럼 노래하는 자연스러움이 있다.

쌍계사 주지이신 상훈 스님

지금 행복한 문화가 만들어지고 있다

결국 불교 공부는 행복하자는 것이고 불교가 생활화될 때에는 행복이라는 것이 인간답게 살자는 것이다. 우리가 선을 행하며 향기로운 차를 마시고 아름다운 음악을 듣는다면 참 멋진 삶이 될 것이다.

불교 문화를 대표하는 절 … 쌍계사는 마치 불교 문화를 대표하는 절 같다. 불교가 건조하고 팍팍하게 수행만 하는 것이라고 본다면 잘못이다.

한편으로는 치열하게 수행하고 간절하게 기도해서 진리에 닿으려는 노력을 하지만 한편으로는 품위 있고, 아름다운 삶을 향한 풍요롭고 질 높은 문화가 있다.

절에 다니다 보면 자연히 그러한 문화를 느끼고 배우게 되고 생활 속에 돌아와서도 그러한 삶의 질을 유지하며 즐기게 되는 것이다. 우리나라가 세계적인 문화 민족인 원인이 여기에 있다고도 할 수 있다. 한식이든 한옥이든 한글이든, 우리의 전통 문화를 가만히 들여다 보면 모두 세계적인 수준이잖은가.

어떤 거사는 절에 와서 스님을 뵈며 차를 즐기는 생활을 하다가 많은 것들이 변화되었다고 한다. 담배도 끊고 술도 줄고 사람들과의 만남도 달라지고, 사람들과의 대화도 달라지고 예술을 즐기는 취미도 생겼다고 한다.

어느 스님의 소박한 다실 - 생활 속에서 즐기는 차는 새로운 삶의 향기를 준다

쌍계사의 담장 - 행복을 멀리서 찾을 필요가 없다
눈앞의 담을 이렇게 만들 수 있다면 무엇인들 행복하게 하지 못하랴

국사암 월호 스님 ··· 쌍계사 산 내 암자인 국사암에는 월호 스님께서 계신
다. 마침 뵐 수 있다고 하여 점심 공양을 뒤로 미루고 국사암에 올랐다. 월호
스님께서 행복 창조 10선, 행불 어록 10선이라는 조금 독특한 법문을 해주셨
다. 사람들의 근기를 고려한 월호 스님의 대중적인 법문은 언제나 인기가 많
다. 상대편 기준에 맞추시기 때문일 것이다.

행복 창조 10선
1. 행복도 불행도 내 작품이다.
2. 내가 인이요, 남이 연이다.
   과거의 인이 현재의 연이다. 현재의 인이 미래의 연이다.
3. 구걸하지 말고 창조하자.
4. 바로 지금 여기서 행복할 수 없다면 언제 어디서 행복할 수 있으랴.
5. 나는 억세게 재수 좋은 사람이다.
6. 모든 것은 한때다. 걱정할 시간에 기도하자.
7. 걸림돌이 디딤돌이다. 잡초가 약초다.
8. 나는 무한한 가능성을 갖고 있다. 스스로 비교하자.
9. 판사가 되지 말고 관찰자가 되자.
10. 언젠가 이 세상에 없을 당신을 사랑합니다.

국사암의 항공 사진 - 쌍계사 옆길로 한참을 올라야 한다

행불어록 10선

1. 콩 심은 데 콩 나고 팥 심은 데 팥 난다.
2. 고정된 실체로서의 '나'는 없다. 바로 지금 여기서 나의 행위가 '나'이다.
3. 텅 비었기 때문에 무엇으로든 채울 수 있다. 내 작품이다.
4. 바로 지금 여기서 자신의 주인이 되어 완전 연소하자.
5. 인도 충실하고 연도 충실해야 과가 충실하다.
6. 수행은 연습이요, 생활이 실천이다.
7. 웃자. 그래야 웃을 일이 생긴다.
8. 나도 방생하고 남도 방생한다.
9. 부처님의 덕을 보려 말고 부처님이 내 덕을 보게 하자.
10. 아는 만큼 전하고 가진 만큼 베풀자.

   2시쯤 늦은 공양을 하고 사진 촬영을 위해 대웅전 앞에 모였는데, 누가 잊고 온 가방을 찾으러 간 동안 시간이 남아 잠시 법문을 하였다. 쌍계사에서 꼭 해 주어야 할 이야기가 있어서였다. 내용은 다음과 같다.

마음을 쓰는 것 … 마음을 닦는 것
도 중요하지만 마음을 쓰는 것이 더
중요하다. 그 마음을 쓰는 것이 문화
이다. 마찬가지로 돈을 버는 것이 중
요하지만 쓰는 것은 더 중요하다.
그것이 문화이다.

　결국은 모든 것은 지금 내가 마음을
어떻게 쓰느냐의 문제이다. 그것이
운명도 만들고, 문화도 만들고, 세상
도 만드는 것이다. 그래서 일체유심
조라 하는 것이다.

마음을 어떻게 쓸 것인가 - 행복한 마음의 씨앗이
지금 만들어지고 있다

　사진 촬영을 하고 송학사로 출발하였다. 휴게소에서 잠시 수박 잔치를 하였
는데, 모두가 즐거운 하루다. 나도 참 즐거운 하루였다. 문화라는 것이 이렇게
사람을 행복하게 하는 것이리라.

　　　잘 다듬어진 녹차 밭, 인생의 싱그러움을 포옹하고 있는 듯 했고
　　　두 분 스님의 법문, 내려오는 길이 마냥 행복하기만 했습니다.
　　　　　　　　　　　- 공덕행 보살님 순례 후기 중에서 -

마애불의 자비로운 표정에서
쌍계사의 마음이 느껴진다

16.
금정산
범어사

화엄의 세계는 생활 속에서 이루어 내야 하며
금빛 우물은 내 마음속에 있다

범어사의 일주문 격인 조계문을 오르고 있다

조계문을 지나 천왕문을 오르는 걸음걸음이 힘차다

범어사는 일주문에서부터 힘이 넘친다

천왕문을 지나 불이문에 이르고 있다
- 세상을 둘로 나누어 보지만 않는다면,
  우리는 화엄의 세계에서 살 수 있을 것이다

둘로 나누어 분별하지 않는 마음으로
부처님을 뵙기 위해
대웅전에 오르고 있다

산과 절의 이름 … 금정산 범어사. 그 이름이 참으로 재밌다.

금정산 마루에는 세 길 정도의 돌이 있었는데 여기에는 우물물이 항상 가득
차 있고 그 빛은 황금색이었다. 금빛의 물고기 한 마리가 오색 구름 타고 하늘
에서 내려와 그 속에서 놀았다 하여 '금샘'이라는 산 이름(금정산)과 '하늘나
라 물고기'라고 하는 절 이름(범어사)이 지어졌다고 한다.

화엄 십찰 중의 하나 … 범어사는 신라 문무왕 때(678년), 의상대사가 해동의 화엄 십찰 중의 하나로 창건하였다. 화엄경의 이상향인 맑고 청정하고, 서로 돕고 이해하고 행복이 충만한 아름다운 삶을 지상에 실현하고자 설립된 사찰이다. 세상은 모두가 서로 연결되어 있다. 나부터도 혼자서 하는 것은 아무것도 없으며, 내 몸도 지수화풍의 기운이 서로 인연이 되어서 이루어진 것이다.

박물관을 관람하고 예불은 설법전에서 올리고 있다
범어사의 기운을 받아서인지 분위기가 더욱 엄숙하다

그러니 하나가 아프면 모두가 아픈 것이고 하나가 기쁘면 모두가 기쁜 것이다. 하늘의 물고기도 그런 아름다운 세상에 와서 함께 노닐었던 것은 아닐까.

이웃을 사랑하며 서로 돕고, 행복이 충만한 것은 참 당연하고도 자연스러운 것이다. 그렇게 하고 있지 못하다면 무엇인가 꽉 막혔거나 딱딱하게 굳은 것이다. 마치 물을 자연스럽게 흐르지 못하게 하는 무엇인가가 있는 것처럼 말이다.

이러한 상태를 자연스럽게 치유하는 것이 '선'이다. 자기 마음을 찾아 들어가서 그 청정한 화엄의 세계를 만나는 것이다.

그 기운이 예사롭지 않다. … 범어사는 선찰대본산이라고도 한다. 선수행의 중심지라는 뜻이다. 이는 구한말에 범어사 주지셨던 성월 스님께서 고승

범어사의 기운을 받아서인지 기도에 힘이 느껴진다

경허 스님을 범어사 조실로 초빙하면서 선찰대본산이라 명명한데서 유래되었다. 불법승 삼보사찰에 이어 네 번째로 선종 사찰로서의 위용이 범어사에 서려 있는 것이다. 강원과 율원과 선원을 모두 갖춘 총림으로서의 범어사는 전통과 선맥이 잘 살아 있는 대표적인 절이라 할 수 있겠다.

범어사는 의상대사를 비롯하여 원효대사, 표훈대덕, 낭백선사, 명학스님과 같은 대에 경허선사, 용성선사, 성월선사, 만해한용운선사, 동산선사 등 고승들이 수행 정진하였기에 명실상부한 한국의 명찰로서의 역사적 의미를 지닌다.

범어사는 일주문에서부터 예사롭지 않다. 4개의 돌기둥 위에 나무기둥을 잇대어 그 위에 서까래와 지붕을 얹었는데 그 모습이 힘차고 당당해 보인다. 힘찬 기둥들이 마치 한국의 불교를 받치고 있는 큰스님들의 위용을 표현하고 있는 듯하다.

사천왕문과 불이문을 지나서 법당을 참배하고 설법전에 자리를 잡고 기도를 시작하였다. 천수경을 읽어 내려가는 자비회원님들의 목소리에서 힘이 느껴진다. 범어사의 기운을 느끼는 것일까. 기도나 수행도 힘이 있으면 빠르게 길을 갈 수 있다. 그래서 한철이라도 젊을 때 수행할 것을 권하는 것이다. 수행자로 살면서 산을 많이 다녀 보면 산에도 기운이 있다는 것을 느끼곤 한다. 금정산은 마치 아주 힘찬 남자의 에너지를 가진 산이라는 느낌이다.

주지스님을 포함해서 스님들께서 모두 워크샵을 가신 관계로 오늘은 직접 법문을 하였다. 법문의 주제는 부부관계를 이야기했다.

범어사에서 좀 더 무거운 주제를 꺼내는 것이 어울릴 듯도 하지만 결국은 모든 공부는 생활로 돌아와서 꽃을 피운다.

금정산 범어사

부부 … 일생에 부부만한 인연이 있을까?

　우연히 만나서 서로를 알아보고 평생 기쁜 일과 슬픈 일들을 함께 겪는다.
서로 사랑도 주고 상처도 주면서 그렇게 평생을 사는 것이 부부이다. 전생부
터 이어지는 깊은 인연 관계인 것이 틀림이 없다. 어떤 이는 전생에 원수가 부
부로 만난다고도 한다. 그만큼 둘이 살아가는 것이 그렇게 쉽지만은 않은 것

이기 때문일 것이다. 원수는 물에 새겨서 흘려보내고 은혜는 돌에 새겨서 두고두고 갚아야 한다는 말이 있다. 그렇게 하는 것이 가장 지혜로운 것이고 서로가 가장 행복한 방법인 것이다. 금생의 인연을 잘 승화시키면 다음 생에서는 틀림없이 더 좋은 인연으로 만날 것이다. 그것이 인과법이다.

화엄경의 이상향인 맑고 청정하고, 서로 돕고 이해하고 행복이 충만한 아름다운 삶을 범어사에서만 실현하는 것이 아니다. 바로 부부 사이에서 실현되어야만 하는 아주 중요한 것이다. 오늘처럼 부부가 함께 성지 순례를 온다는 것 자체가 화엄경의 이상향일 것이다.

세상에서 가장 멋진 일은 부부가 함께 깨닫는 것이다

금정산 범어사

그 마음 언제나 변치 말고 여여하게 살면 그것이 복을 짓는 일이어서 아이들에게도 복이 되고 부부에게도 복이 되어서 적어도 원수가 만난 듯한 느낌은 들지 않을 것이다.

　오늘 범어사의 힘찬 기운을 받아서 부부 사이에도 화엄의 꽃이 한가득 피어나기를...

낙관을 받고 보재루 앞에서 조별 사진을 찍었다

염화실 … 범어사는 부산 시내에서 아주 가까운 곳에 자리해서 늘 많은 사람들이 찾는 절이다. 꼭 절에 다니지 않더라도, 불교나 범어사에 대해서 잘 설명하지 못하더라도 부산 사람들의 마음 깊은 곳에는 범어사가 자리 잡고 있는 것 같다. 범어사가 부산 사람들의 힘찬 에너지의 근원지는 아닐까?

범어사에는 현대의 대 강맥이신 무비 스님께서 주석하고 계시다. 무비 스님의 카페 염화실에는 많은 불교 공부 자료들이 있다. 자주 들러 보고 큰스님의 향기를 느껴볼 수 있다면 좋겠다.

보제루 앞에 모여 조별로 사진을 찍고, 내 마음에 보물이 있는 것임을 이야기하고 있는 선찰대본산 범어사 삼층 석탑에서 의상대사의 법성게를 독송하며 탑돌이를 하였다.

언제나처럼 낙관을 찍고 염주를 나누어 준 다음 버스에 탑승해서 진주로 향했다. 휴게소에서의 수박 파티를 준비했으나 비가 내리는 바람에 취소하였다. 하늘의 물고기(범어)가 내려와서 놀 수 있는 금빛 우물이 각자의 마음속에 있음을 생각하길 바라는 귀로의 시간이었다.

범어사 삼층석탑 앞에서 탑돌이를 준비하고 있다

화엄의 세계에 한발 다가서는 마음으로
탑돌이를 하고 있다

특별한 형식에 집착하지 않고
땅의 모양에 맞춰
자연스럽게
건물을 배치하였다
　불교의 방법이란 이런 것이다

화엄의 세계에 들어가려면 스스로를 비워야 하며
기도하고 보시할 수 있으면 된다

소화전
명부전   석실
              아거각
삼성각
              약사전
        연지암

                    운요탕
              대웅보전
                    선방

    연수전   조실채
                        나한전
    고운대암
            종무소   종각

    극락전
              우화루
    요사채 만덕당
                    가운루
        창고 열반당

        무설전
              화장실   고불전

        대향각
                    사천왕문
        백련암

        용왕당   일주문

고운사는
계곡을 따라서
길게 배치되어 있다

고운사
천년숲길

고운사 산문에 도착해서
천년숲길로 들어서고 있다

이보다 더 아름다운 모습이 있을까?
- 숲길을 따라 걷는 모습이
  화엄 세계로 향하는 구도자의 모습 그대로다

숲길을 따라
한참을 걸었다

숲길이 끝나면
고운사의 일주문이
나온다

너무나 아름다운 고운사의 일주문 - 옛 어른들의 멋스러움은 현대에도 전혀 손색이 없다

지장보살 영험성지 … 고운사는 신라 신문왕 때 의상대사께서 창건하신 사찰이다. 부용반개형상(연꽃이 반쯤 핀 형국)의 천하명당에 위치한 이 사찰은 본래는 높을고·구름운의 高雲寺였다.

　신라말 불교와 유교·도교에 모두 통달하여 신선이 되었다는 최치원이 여지·여사 양대사와 함께 가운루(경북 유형문화재 제151호)와 우화루를 건축한 이후 그의 호인 孤雲을 빌어서 孤雲寺로 바뀌게 된 것이다.

　특히 고운사는 해동제일 지장도량이라 불리는 지장보살 영험성지이다.

　예부터 죽어서 저승에 가면 염라대왕이 고운사에 다녀왔느냐고 물었다고 하는데 지장보살님의 원만자비하신 풍모는 물론이거니와 명부십대왕의 상호와 복장도 다른 사찰에서는 보기 힘든 위엄과 정교함이 서려 있다.

천왕문 안쪽으로 고운사의 모습이 얼핏 보인다   대웅보전에 참배를 하고 예불을 준비하고 있다

  고운사의 입구에는 상점이 없다. 그저 고즈넉한 천년숲길이 있을 뿐이다. 천천히 걸으며 한적함에 익숙해질 때쯤 참 아름다운 일주문이 모습을 보인다. 마치 살아 있는 나무에 지붕을 얹어서 만든 것처럼 자연스럽다. 천왕문을 지나서 고불전을 잠시 보고 바로 대웅전에 올라 참배를 하였다.

천왕문을 지나면 T자 형의 아담한
건물인 고불전이 있다

고불전 안에는 얼굴의 모습이 잘 보이지 않는 석불이 모셔져 있다

고운사 주지스님의 법문 - 모두가 존경하는 마음으로 법문을 들었다

주지스님의 출가 이야기 ··· 10시 30분쯤 호성 주지스님께서 직접 법당에 나오셨다. 주지스님의 출가 이야기는 유명하다.

어릴 때부터 스님께서는 1년에 한 번은 여행을 떠나서야 했다. 횡성이 고향이신 스님은 어느 날 부산행 열차에 몸을 실었다. 그냥 부산에 가 보자는 게 다였다. 그런데 묘하게도 안동에서 내렸고, 눈앞에 고운사행 버스가 보여서 무작정 올라탔다. 고운사에 들어와서 한켠에 앉아 있으니 편안함이 느껴졌다. 바로 그때 한 스님께서 경내를 걸어가고 계셨는데 '저리 잘 생기신 분이 왜 스님이 되었을까?'라는 생각을 하였다. 그런데 그 스님께서 가까이 다가와 '젊은이 어디서 왔는고?' 라고 물으셨다. 그 한마디에 그대로 출가를 하셨다.

그분이 바로 지금 스님의 은사님이신 근일 큰스님이시다.

스님께서는 불제자가 된 후 자신을 이기려고 고운사 극락전에서 천일 기도를 하며 울기도 많이 울었고, 초라한 자신을 보고는 실망도 많이 했었다고 하신다. 그러나 모두가 내가 만든 업임을 알고부터는 죽기를 각오하고 열심히 기도를 하였고 시간이 있을 때마다 3000배의 절을 간절히 했는데, 부처님은 스님에게 위신력을 보이셨고 스님께서는 간절히 믿으셨다고 한다. 그렇게 거의 죽음에 이르는 아픔과 고통, 어깨를 누르는 업장을 녹였다고 한다.

지금의 고운사는 호성 주지스님의 손길이 많이 닿아 있다. 스님께서는 화엄의 세계를 고운사의 경관을 통해서 보여주고 싶으며, 그렇게 만들어 가고 있는 중이라고 하신다.

■ 화엄10지

1. 환희지(歡喜地) - **보시**
2. 이구지(離垢地) - **지계(스승)**
3. 발광지(發光地) - **인욕**
4. 염혜지(焰慧地) - **정진**
5. 난승지(難勝地) - **선정**

6. 현전지(現前地) - **지혜**
7. 원행지(遠行地) - **방편**
8. 부동지(不動地) - **원**
9. 선혜지(善慧地) - **힘**
10. 법운지(法雲地) - **보살**

스님께서는 화엄경 강의를 하셨다.

환희지는 화엄세계의 첫 관문이다. 화엄세계에 들어가려면 아주 환희로운 삶을 살아야 한다. 환희로운 삶은 비우는 것이고, 비우는 것은 베푸는 것이다. 욕심이 있는 사람은 베풀 수가 없고, 베풀 수가 없는 사람은 비울 수가 없다. 화엄의 세계는 먼 곳에 있지 않다. 화엄 세계의 문은 닫혀 있지 않다. 마음만 비우면, 욕심만 사라지면 화엄세계의 문이 열리고 항상 행복한 세상이 된다.

고운사는 화엄도량이고 지장도량이다. 기도하고 정진하는 방법 밖에 없다. 기도할 때는 무엇을 바라지 말고 기다릴 줄 알아야 한다. 괴로움과 좋고 싫음 등의 분별이 모두 드러날 때까지 기도해야 한다. 그러면 화엄의 세계가 보이기 시작할 것이다. 그리고 감사하게 될 것이다.

주지스님께서 화엄 사상의 핵심인 화엄10지의 첫 부분을 이야기해 주셨다. 고운사를 화엄 성지로 가꾸어 가시는 스님의 모습이 존경스러웠다.

108 참회 기도를 하고, 전체 회원들에게 순례할 때는 공양미를 꼭 챙길 것을 부탁드렸다. 어느 절에 가든 보시를 잊어서는 안된다는 것을 알려주고자 함이다. 그것이 수행의 첫 관문이기 때문이다. 낙관을 찍고 잔디밭에서 점심 공양을 하였다. 공양 후에는 조금 특별한 탑돌이를 하고 일주문 앞에서 조별로 기념 촬영을 하였다.

의상 대사의 법계도를 숲으로 조성하여 숲길을 따라서 법성게를 외우며 걸을 수 있도록 만들었다
- 법계도를 한 번 돌고 나면 비로자나 부처님을 만나고 다시 한 번 더 법계도를 도는 구조로 되어 있다

화엄일승법계도 숲(법계도림) ··· 고운사에는 주지스님께서 조성하신 화엄일승법계도 숲이 있다.

법계도를 숲으로 조성해서 따라 걸을 수 있도록 하신 것이다. 법성게를 독송하며 법계도 숲을 걷는 것으로 탑돌이를 하였다.

의상조사 법계도
- 해인사에는 앞마당에도 법계도가 그려져 있었다

법계도가 시작되는 입구
- 저 안쪽으로 비로자나 부처님이 보인다

비로자나 부처님을 뵈러
법계도림으로 들어가고 있다

법계도림 안에서 고운사만의 특별한 탑돌이를 하고 있다

법계도림을 걸은 사람들의 표정이 화엄의 세계 그대로이다

자비회 회원님들의 얼굴이 환희심으로 가득해지는 것이 보였다. 한 회원님
은 다음과 같은 순례 후기를 남겼다.

법성게를 독송하면서
법계도림을 가득 메웠던 그 순간만큼은
화엄세계에 들어간 것 같았습니다.
- 공덕행 보살님 순례 후기 중에서 -

아름다운 고운사 절에서부터, 부처님 같았던 주지스님, 그리고 법계도림에
이르기까지 화엄의 세계에서 즐긴 것 같은 하루였다. 돌아오는 길에 휴게소
에서의 수박 파티는 그래서 더욱 즐거웠는지도 모르겠다.

천진보살들이 그린
고운사 그림

고운사를 그린 어린이들의 작품들 … 고운사
에서 어린이 미술대회를 열었다. 아이들의 천진
한 마음으로 고운사가 그려졌다.

　이 세계가 바로 화엄의 세계이고, 이렇게 보는
것이 바로 화엄의 마음일 것이다.

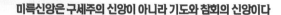

미륵신앙은 구세주의 신앙이 아니라 기도와 참회의 신앙이다

18.
모악산
금산사

여름 금산사의 모습
봄 금산사의 모습

가을 금산사의 모습

거울 금산사의 모습

금산사의 미륵신앙 … 금산사는 미륵신앙의 성지로서 국보 제 62호인 웅장한 규모의 목조건물인 미륵전이 있다. 법주사 팔상전과 함께 한국 건축사에 위대한 업적으로 꼽히는 아름다운 건물이다.

내부에는 거대한 규모의 미륵부처님과 협시보살이 조성되어 있다.

미륵신앙은 크게 두 가지로 구분된다.
하나는 미륵상생신앙이고 또 다른 하나는 미륵하생신앙이다.

미륵상생신앙 미륵하생신앙 … 미륵상생신앙이란 아직 보살의 신분인 미륵이 수행하고 있는 도솔천을 이상세계로 보고 죽은 후에 도솔천에 다시 태어나기를 바라는 신앙 형태로 도솔천에 왕생하기 위해서는 십선도를 일심으로 열심히 닦아 죄업을 참회 수행하여야 한다는 신앙이다.

미륵하생신앙은 모든 중생들이 십선을 열심히 닦아 자비와 평화의 불국토를 만들어 대자대비의 세상이 되었을 때 미륵부처님이 오셔서 미처 깨닫지 못하는 중생들에게 3회의 설법으로 오랜 업장을 소멸하게 하고 위없는 깨달음의 길로 인도한다는 것이다.

미륵신앙은 참회의 신앙 … 미륵신앙은 핍박받고 괴로움에 처했을 때 미륵부처님이 나타나 사회의 개조와 인간개조를 통해 중생을 구제하고 사회를 변혁하는 후천개벽적인 내용이 절대로 아니다.

미륵부처님이 하생하여 오시는 세계는 모든 중생이 자비심을 가지고 십선을 많이 행하고 있는 대자대비한 세계다. 혼탁하고 어지러운 세계에 오셔서 고통받는 중생을 구원하신다는 것은 아닌 것이다.

따라서 미륵신앙은 열심히 십선의 도를 닦아 자신의 억겁의 업을 참회함으로써 불국토를 열어 모두 다 같이 성불하자는 기도와 참회의 신앙인 것이다.

미륵신앙은 악용의 여지가 많아서 예부터 매우 주의를 요하는 신앙이기도 하다. 현대에도 이름만 다를 뿐 비슷한 혹세무민의 예가 참 많은 것 같다.

미륵전 내부에 모셔져 있는 미륵 부처님과 협시보살들

미륵 부처님을 뵈러 스스로 걸어서 들어가고 있다

그런 것에 속지 않는 것은 사실 아주 쉽다.

　세상에 공짜는 본래 없다. 그것을 바라는 마음에 걸려서 이용 당하는 것이다. 그러니 그런 기대를 하지 않으면 속지 않는다. 미륵신앙은 희망을 안겨 주는 정신적인 의지처로 보는 것이 가장 바람직할 것이다.

1. 금강문을 지나고

2. 천왕문을 지나고

3. 보재루를 지나서 미륵전을 만난다

4. 예불을 올리고 법문을 들은 대적광전
   - 수계 법회를 준비하느라
     많은 이들이 바쁘게 움직이고 있었다

5. 1층에는 대자보전(大慈寶殿)
   2층에는 용화지회(龍華之會)
   3층에는 미륵전(彌勒殿)이라는 현판이 걸려있다
   - 모두 미륵을 상징하는 것이다

예불 전에 부처님들께 공양을 올리고 있다
- 비로자나 부처님을 주불로 한
  대적광전의 부처님들이 장엄하다

일감 스님의 법문을 듣고 있다
- 일감 스님은
  내비둬콘서트로 유명하신 분이다

감동적인 법문을 해주고 계시는 금산사 연수원장이신 일감 스님의 모습

일감 스님 ··· 금산사에 도착하여 바로 미륵전에 올라 참배를 하고 예불을 위해서 대적광전으로 향했다. 금산사 주지스님께서 외출 중이서서 나의 해인사 행자 도반인 일감 스님께서 대신 법문을 해주셨다. 도반이 있는 절에 오면 언제나 친정에 온 것 같은 느낌을 받아서 편안하다.

　스님께서는 108 순례단은 철저한 신심과 원력이 없으면 힘들 것이라고, 낙오자 없이 순례를 마칠 수 있도록 기원한다는 말씀도 덧붙이셨다.

　스님의 법문은 다음과 같다.

나는 모든 곳에 있다.

나라는 실체는 어디에서도 찾을 수 없다.

내 몸에서도 찾을 수 없다.

진정한 나를 사랑하는 사람들에게서 찾아보자.

그들의 마음에 내가 비치고 있지 않은가.

그런데 하나가 아니다.

본래 나라고 할 것은 없는데, 모든 곳에 내가 있는 것이 아닌가.

조상님들의 나도 있고, 후손들의 나도 있으니

과거 현재 미래가 한곳에 있는 것이 된다.

결국 나와 남이 없고 그 모든 것이 나인 것이고,

그러니 굳이 구별해서 나라고 할 것이 없다.

남에게 보시하는 것이 곧 나에게 잘 하는 것이 되고,

내가 간절히 기도하는 것이 곧 온 우주 법계를 평화롭게 하는 것이 된다.

그래서 자꾸 감사의 기도를 하라고 하는 것이다.

법문을 듣고 108 참회기도를 하였다. 나라고 할 것이 없으니 나를 위한 기도가 아니다. 나라고 고집을 해서 쌓인 여러 업들을 풀어 주는 참회기도인 것이다. 그리고 나를 있게 해주는 모든 인연에 감사하는 기도인 것이다.

　이것이 언젠가 오실 미륵부처님을 위해서 준비하는 기도인 것이다.

　기도를 마치고 낙관을 찍어 주었다.

사찰 안내 … 점심 공양을 하고 오후에는 사찰 안내를 받았다.

예불을 올렸던 대적광전은 오여래와 육보살을 봉안한 곳으로 유명하다.

오여래는 법신 비로자나불, 보신 노사나불, 화신 석가모니불, 아미타여래불,
약사여래불이다. 육보살은 문수, 보현, 관세음, 대세지, 일광, 월광 보살이다.

아주 멋진 대법당이다.

부처님의 사리가 모셔져 있는 금산사 적멸보궁에 대한 설명을 듣고 있다

모악산 금산사

사찰 안내를 받고 있다

해설사의 사찰 안내 시간

뒤쪽에서 바라본 적멸보궁의 모습
- 부처님의 진신사리를 모신 사리탑이 있다

나한전에서 열심히 설명해 주고 계시는 해설사님

대적광전에서 낙관을 찍어주고 있다

금산사에서의 탑돌이

사찰 안내를 마치고 미륵전 앞에서 조별로 사진을 찍었다. 그리고 앞마당에서 탑돌이를 하기에 앞서 염주를 나누어 주었다.

종교인의 마음 … 종교인은 참 조심스럽다. 조금만 잘못 생각하면 스스로 교주가 되어 혹세무민하기 쉽기 때문이다. 그런 이들은 종교를 이용해서 자기 욕심을 채우고 있는 것이다. 부처님의 뜻에서 한 발도 벗어나지 않는 것이 종교인의 자세일 것이다. 그래서 비구계가 256가지나 되는 것일까. 스스로 한 발도 벗어나지 않을 것을 다짐하고 다짐한다. 나에게는 나라고 할 것이 없고, 깨달은 이는 깨달았다는 생각이 없고, 보시하는 이는 보시했다는 생각이 없는 그 도리를 다시 새긴다. 한 생각 잘못 일으키는 순간 모든 업은 되살아나서 모두를 괴롭힐 것이다.

자비로운 미륵보살님께 부끄럽지 않으려면 이 한 몸 아끼지 않고 한 사람이라도 마음의 문을 열어서 깨달음의 길에 이르게 해야 할 것이다.

이제 자비회 회원들은 순례에 익숙해져 가는 것 같다. 일부 사람들이 빠져 나가고 새로운 사람들이 들어오고 있지만, 3대의 버스가 움직이고 일정한 수의 회원이 항상 함께할 수 있으니 기쁘고 감사한 일이다. 순례가 무르익어 갈수록 공부도 무르익어 갈 것이다.

탑돌이를 시작하기 전 염주를
나누어 주었다

미륵전 앞에서 단체사진을 찍었다
 - 모두가 당당하게 미륵부처님을 만날 수 있어야 하겠다

탑돌이를 한 육각다층 석탑
- 탑의 분위기가 이색적이다

모악산 금산사

스스로의 마음을 다스리는 사람이
참 종교인이다

19.
백암산
백양사

집착의 쐐기를 뽑아야만 업장의 소멸이 가능하다

1. 주차장에서 멀리 백학봉이 보인다 - 저 아래에 백양사가 있다　　　　2. 백양사 오르는 길

언제나 마음을 비우고 자나 깨나 가나 오나
화두일념으로 살아갈 것이며 화두를 타파해 생사를 초월하라.
- 백양사 조실 서옹 대종사 -

화두 … 왜 화두를 들라고 하는 것일까?

우리는 매 순간순간 많은 생각을 하면서 살고 있다. 참선을 하면서 가만히 자기 생각을 관찰해 보면 짧은 시간 동안에 참으로 많은 생각을 하고 있음을 잘 알게 된다. 그 중에 정말 쓸모 있는 생각은 얼마나 될까. 자기 생각을 관찰하면서 가만히 살펴보면 대부분 필요 없는 생각들임을 알게 된다. 마치 안개와 같다고나 할까. 화두는 그런 복잡한 생각들을 묶어 두는 말뚝과 같은 것이다. 어떤 곳에 구멍을 뚫는다고 하면 한곳을 계속 파야 구멍을 뚫을 수 있다. 이곳 저곳을 찌르면 힘은 많이 들지만 실제 구멍이 뚫리지 않는다.

화두는 구멍을 뚫는 표시와 같다. 그곳을 집중해서 계속 뚫어야 구멍이 뚫리는 것이다. 실제로 화두를 드는 것은 매우 빠르고 강력한 공부 방법인 것이다.

순례를 오가며 타는 버스 시간은 적지 않다. 가까운 곳도 1~2시간이 걸리고 보통 3~4시간은 걸리며, 멀리 갈 때는 5시간까지도 걸린다.

왕복으로 계산하면 두 배이니 하루 동안 차 타는 시간이 상당하다. 그 시간 동안 다른 생각을 하는 것보다 화두를 들어볼 것을 권하고 싶다. 어느 정도 근기만 된다고 하면 화두에 집중해 보는 것은 큰 공부가 되기 때문이다.

3. 사천왕문을 통해서 백양사 경내로 들어서고 있다
4. 백양사의 사천왕상은 무서워 보이지 않는다 - 웃고 계시다

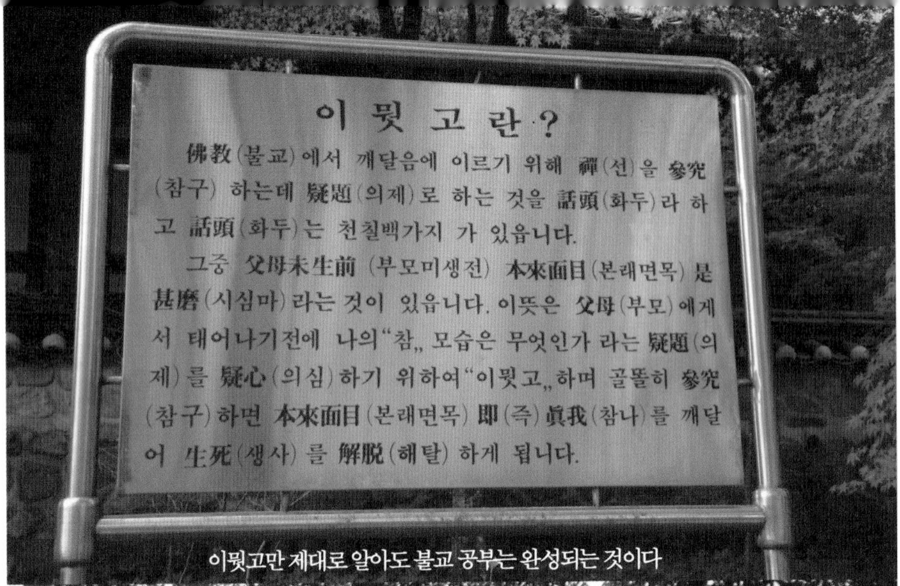

이 뭣 고 란 ?

　　佛教(불교)에서 깨달음에 이르기 위해 禪(선)을 參究(참구) 하는데 疑題(의제)로 하는 것을 話頭(화두)라 하고 話頭(화두)는 천칠백가지 가 있읍니다.

　　그중 父母未生前(부모미생전) 本來面目(본래면목) 是甚磨(시심마)라는 것이 있읍니다. 이뜻은 父母(부모)에게서 태어나기전에 나의 "참,, 모습은 무엇인가 라는 疑題(의제)를 疑心(의심)하기 위하여 "이뭣고,, 하며 골똘히 參究(참구)하면 本來面目(본래면목) 即(즉) 眞我(참나)를 깨달어 生死(생사)를 解脫(해탈)하게 됩니다.

이뭣고만 제대로 알아도 불교 공부는 완성되는 것이다

사천왕문 옆에 있는 이뭣고 탑

백양사의 대웅전 - 그 뒤로 보이는 백학봉이 참으로 멋지다

자기 자신에게로 돌려 보낸다 … 화두에 대해 이런 저런 생각을 하는 동안 버스는 이미 백양사에 도착하였다. 백양사의 풍경은 언제 보아도 아름답다. 곱게 단풍이 든다면 더욱 아름다울 것이다. 백양사의 사시 예불에 함께 참여 하였다. 백양사 총무스님께서 순례단을 위한 법문을 별도로 해주셨다. 법문 내용은 다음과 같다.

다른 종교와 불교는 큰 차이가 있다. 모두 믿음을 중요시하는 것은 같지만, 불교만이 오직 자기 자신에게로 돌려보낸다. 목표 지점이 다른 것이다. 어떤 종교든 믿음을 가지고 어딘가에 의지하는 것은 비슷하다. 불교도 많이 그렇 게 하도록 하고 있다.

그런데 결정적인 차이는 다른 종교는 거기서 멈춘다는 것이고, 불교에서는 그것을 넘어서서 깨달음에까지 이끈다는 것이다. 그 모든 것은 깨달음을 얻 게 하기 위한 방편이 되는 것이고, 그 방편에 머무르는 것을 크게 경계한다.

석가모니불을 주불로 모시는 대웅전의 내부 - 공양을 올리고 예불을 준비하고 있다

이것은 너무나 상식적이고 당연한 것이다. 세상에 대한 집착을 떼어 내야만 참 세상이 보이고 지혜가 열린다. 그러기 위한 방편으로 어떤 신앙에 의지하게 했다. 그런데 계속 신앙에 집착을 하고 있다면 세상에 집착을 하는 것과 무엇이 다를까. 결국은 아무것도 남김없이 다 모든 집착을 떼어 내는 것이 궁극적인 목표가 되어야 하는 것이다.

불교에는 살불살조(殺佛殺祖)라는 다소 무서운 말이 있다. 부처를 만나면 부처를 죽이고 조사를 만나면 조사를 죽인다는 뜻이다. 그것은 실제로 부처님이나 조사님을 죽이라는 말이 아니다. 바로 부처님과 조사님께 집착하는 나의 마음을 죽이라는 것이다. 집착하는 순간 경직되고, 경직되면 아무것도 보이지 않고, 아무것도 보이지 않으면 많은 문제를 자기도 모르게 일으키는 것이다. 현대의 종교적인 문제들이 모두 그러한 집착에서부터 비롯되는 것임을 부처님께서는 이미 예전에 말씀하신 것이다.

다정한 부부의 여여함과 백학봉이 닮았다

아름다운 풍경도 지혜로 본다 … 불교의 가치를 설명해 주신 스님의 법문에 감사한다. 백양사의 풍경은 아름답다. 아름다움을 느끼는 데에는 어떤 집착도 필요가 없다. 오히려 어딘가에 집착하고 있으면 아무리 아름다운 풍경도 전혀 보이지 않는다. 지혜는 그렇게 보이는 것이다. 무엇을 만들어서 보이는 것이 아니라. 놓아버리면 저절로 보이게 되는 것이다.

사람들에게 몇 가지 공지 사항을 이야기하고 12시 50분 조금 늦은 점심 공양을 하였다. 오후에는 사찰안내를 받았다.

하얀 양이 관념을 버리다. … 백양사란 이름은 하얀 양을 제도한 데서 유래한 것으로 다음과 같은 이야기가 전해 내려오고 있다.

성보박물관 뒤에도 백학봉은 그대로 그렇게 있다 - 우리의 본래면목도 그러할 것이다
어느 때, 어느 곳에 있든 한결같다

조선 선조 때 환양선사가 영천암에서 금강경을 설법하는데 수많은 사람이 구름처럼 몰려들었다. 법회가 3일째 되던 날 하얀 양이 내려와 스님의 설법을 들었고, 7일간 계속되는 법회가 끝난 날 밤 스님의 꿈에 흰 양이 나타나 '저는 천상에서 죄를 짓고 축생의 몸을 받았는데 이제 스님의 설법을 듣고 업장 소멸하여 다시 천국으로 환생하여 가게 되었다'며 절을 하였다. 이튿날 영천암 아래에 흰 양이 죽어 있었으며 그 이후 절 이름을 백양사라고 고쳐 불렀다.

금강경을 많이 읽으면 업이 소멸된다고 한다. 왜 그럴까. 금강경에서는 무슨 이야기를 하고 있기 때문에 업이 소멸되는 것일까. 금강경을 자세히 설명하는 것은 여기서 쉽지 않지만 업이라는 것을 누가 만들었을까를 생각해 보면 조금 쉬워진다. 아무도 나에게 업을 만들어 준 이는 없다. 아마 관심도 없을 것이다. 그렇다면 자기 업은 누가 만든 것일까. 바로 자기 자신이다. 자기가 만든 업을 붙잡고 자기가 괴로워하고 있는 것이다. 그래서 부처님께서는 놓아야 한다고 말씀하셨다. 금강경에서도 같은 이야기를 하고 있는 것이다. 하얀 양은 금강경을 듣고 관념을 놓아 버렸다. 그래서 업이 소멸된 것이다.

사찰 안내를 받고 있다
백학봉의 모습은
여전히 당당하다

대웅전 앞에서 임원진과 함께
백학봉의 모습은
여전히 당당하다

단체 조별 사진을 찍었다
백학봉의 모습은
여전히 당당하다

법성게를 독송하며
탑돌이를 하고 있다

대웅전 뒤쪽에 있는 9층 석탑에서
탑돌이를 하고 있다

집착의 쐐기를 뽑아 ··· 사찰 안내를 마치고 대웅전 앞에서 조별로 사진을 찍었다. 대웅전 뒤편에 있는 9층 석탑에서(부처님의 진신 사리가 보관되어 있다고 한다) 탑돌이를 하였다. 탑돌이 후 낙관을 찍어 주고 염주를 나누어 준 후 진주로 출발하였다.

세상에서 가장 무서운 것이 무엇이냐고 묻는다면 집착이라 답하고 싶다.
세상에서 가장 쓸모없는 것이 무엇이냐고 물어도 집착이라 답하고 싶다.
쐐기처럼 밝혀 있는 집착을 뽑아내지 않는다면
항상 괴로움 속에서 살아야만 하는 것이다.
그래서 수행이 중요하고 기도가 중요하다.

우리 자비회원님들 오늘도 산사의 기운을 받으며 기도를 많이 하셨다.
그만큼 집착의 쐐기가 헐거워졌기를 바란다.

백양사에서 하얀 양이 되어 집착을 놓아버리고 있다

백양사는 단풍이 아름다운 곳이다
단풍을 보기에는 조금 이르지만
관광객이 많지 않아 기도하기에는 좋다
아름다운 단풍 속에서도 백학봉은 여여하다

부처님의 마음은 부모님의 마음이니
부모님의 마음으로 세상을 살자

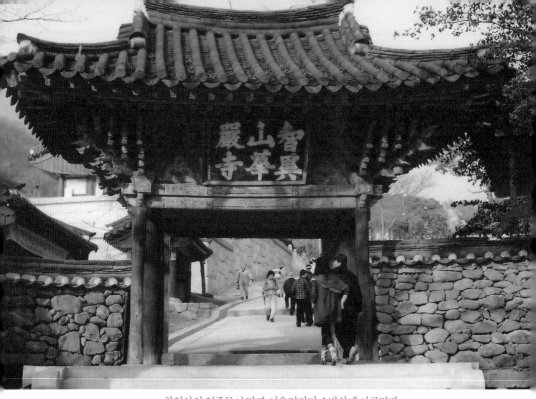

화엄사의 일주문이 담과 어우러지며 소박하게 아름답다

모든 고통에서 벗어나기 위해서는 마음이 부처인 줄 믿고
그 길을 가는 것이 제일가는 보배라는 것입니다.
신심(믿는 마음)은 도의 근본이며 모든 수행의 근본입니다.

- 화엄사 선등 선원장 현산 스님

금강문과 천왕문

재미있는 전설을 간직하고 있는 각황전 - 각황전에는 화엄경이 새겨진 돌로 사방 벽이 둘러져 있었다고 한다

각황전의 전설 ··· 화엄사는 그 이름에서부터 화엄성지임을 알 수 있다. 의상대사께서 정하신 화엄 10찰 중 한곳이다. 화엄사에 도착하여 법당에 참배를 하고 각황전으로 이동하여 예불을 올렸다.

각황전에는 재미있는 설화가 있다. 원래 각황전은 의상대사가 화엄경을 돌에 새겨서 사방 벽에 둘러 장륙전을 건립한 것인데 임진왜란 때 소실되었다. 이후 계파 스님이라는 분이 장륙전 중창 불사를 시작했으나 어디에서, 어떻게 지원을 받아야 할지 걱정이 태산이었다. 밤새 대웅전 부처님께 기도를 드리는데 한 노인이 나타나 말했다. "그대는 걱정 말고 내일 아침 길을 떠나 제일 먼저 만나는 사람에게 시주를 권하라." 계파 스님은 아무도 몰래 절을 나섰다.

한참 길을 가다 보니 간혹 절에 와서 일을 돕고 밥을 얻어 먹곤 하던 노파가 걸어오는 것이었다. 스님은 난감했지만 그 노파에게 장륙전 건립의 시주를 청했다.

345

어이가 없기는 노파도 마찬가지였지만, 이런저런 사정을 얘기하면서 하루종일 간청하는 스님에 감동되어 눈물을 흘리며 큰 발원을 하였다.

"이 몸이 죽어 왕궁에 태어나서 큰 불사를 하리니, 부디 문수대성은 큰 가피를 내리소서." 라는 말을 마친 노파는 길 옆 늪에 몸을 던졌다. 스님은 너무도 갑작스러운 사태에 놀라 멀리 도망쳤다.

몇 년 뒤 걸식을 하면서 돌아다니다가 서울에 나타난 계파 스님은 궁궐 밖에서 유모와 함께 나들이하던 어린 공주를 만났다. 공주는 스님을 보자마자 반가워하며 매달렸다. 공주는 태어날 때부터 한쪽 손을 꼭 쥔 채 펴지 않았는데, 대사가 안고서 쥔 손을 만지니 신기하게도 손이 쫙 펴졌다.

그리고 그 안에는 장륙전이라는 세 글자가 씌어 있었다. 이 소식을 들은 숙종은 계파 스님을 불러 자초지종을 듣고 감격하여 장륙전을 지을 수 있도록 시주하였다. 전각이 완성되자 '각황전(覺皇殿)'이라 이름했는데, 이는 '왕이 깨달아 건립했다'는 뜻이다.

화엄경이 새겨져 있는 돌판들 1, 2, 3 - 현재는 이렇게만 전해지고 있다

다른 방향에서 본 각황전의 모습

347

각황전의 내부 - 현재 화엄경 석판은 일부만 박물관에 보관되어 있다

지리산 화엄사

각황전에서의 예불을 마치고, 화엄사 재무국장 우석 스님께서 법문을 해주셨다.

스님의 법문 내용은 다음과 같다.

진솔하신 법문 ··· 철없이 어릴 때 동진 출가를 하였다. 늘 어려서 열심히 정진하지 못한 것을 지금도 부끄럽게 생각한다. 내가 제자를 본 후에는 은사스님께서 해주신 것이 부모님 마음이라는 것을 알았다. 어린 제자와 함께 절에 살면서 저나 나나 부처님 인연으로 만나 부처님 공적으로 사는 것이니 크게 욕심낼 것은 없었다. 그렇게 마음내지 않고 크게 욕심내지 않고 키우는 데도 여러 어려움이 많았다. 그 과정이 오히려 자신에게는 큰 공부가 되었다.

욕심은 가질수록 자꾸만 더 커진다. 욕심의 늪에서 빠져나올려면 자기 인생이 행복해야 된다. 욕심을 먼지 털 듯이 털어내고 집착 없이 살기를 바란다.

진솔한 스님의 법문에 가슴이 뭉클했다. 108 참회 기도를 끝내고 잠시 법문을 하였다.

부모님 마음이 부처님 마음 ··· 부처님의 마음이 바로 부모님의 마음이다.

항상 측은한 마음으로 보시고 스스로 일어서기를 바라시며, 지혜의 눈을 뜰 때까지 보호하려고 하신다. 그러니 절에 올 때는 부모님께 가듯이 편안하게 빈 마음으로 오는 것이 가장 좋다.

아상을 가지고 절에 오지 마라.
아상을 가지고 욕심을 내면 그만큼 근심이 많아지는 것이다.
그러면 자기만 괴롭다.
늘 몸과 마음을 수행하고 법륜을 행하는 것에 자기 삶을 던지면
스스로도 편해지고 주변도 편해질 것이다.

화엄사 공양간에서 공양을 하였다 - 어려서 소풍을 온 것처럼 점심시간은 언제나 즐겁다

12시 30분에 점심 공양을 하고 잠시 쉰 후에 1시 30분부터 사찰 안내를 받았다.

화엄사에는 적멸보궁이 있었다. 108계단을 오르니 석등과 마주보고 서 있는 국보 제 35호 사사자 3층 석탑이 보인다. 연기 조사의 효성을 기리기 위해 건립한 불사리 공양탑이라고 한다.

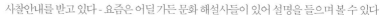

사찰안내를 받고 있다 - 요즘은 어딜 가든 문화 해설사들이 있어 설명을 들으며 볼 수 있다

지리산 화엄사

1. 화엄사에도 적멸보궁이 있다
   자장율사께서 직접 조성하신 것이라고 한다

2. 이정표를 따라 계단을 오르면
   부처님의 진신 사리가 모셔진
   사사자 삼층석탑이 있다
3. 4마리의 사자와 함께한 스님이
   탑을 받치고 있는 모양이다

4. 탑 앞에는 무릎을 꿇은 스님이
   받치고 있는 석등이 마주보고 있다

5. 화엄사의 대웅전
   - 각황전에 비해서는 그 규모가 작다
6. 대웅전의 내부는 장엄하게 조성되어 있다

각황전 앞에서의 단체 사진 - 우리 모두는 어떤 발원을 세워야 하는 것일까?

　각황전 앞에서 조별로 사진촬영을 하고 화엄사 앞마당의 5층 석탑에서 탑돌이를 하였다.

　낙관을 찍고 염주를 나눈 후 화엄사를 출발하여 진주로 향했다.

　부모님의 마음은 조건이 없다. 아무리 잘해도 잘했다는 생각이 없다. 오히려 잘하지 못한 것에 안타까워한다. 아무리 잘해도 집착하지 않는다. 그냥 잘 성장하기만을 바랄 뿐이다.

　자식이 편하면 나도 편하고, 자식이 아프면 나도 아프고, 자식이 기쁘면 나도 기쁘니 내가 없다. 이것이 부처님 마음이 아니고 무엇인가.

　부모님의 마음으로 세상을 산다면 문제 될 것이 없을 것이다.

대웅전 앞에 좌우로 5층 석탑이 있다 - 두 탑을 따라서 탑돌이를 하고 있다

법성계를 독송하며 탑돌이를 하고 있다 - 화엄 성지에서의 법성계는 항상 특별하다

21.

두륜산
대흥사

서산대사와 초의선사의 자유자재함을 따라
남을 위해 살아야 한다

이정표를 따라서 대흥사를 향해 가고 있다
500m만 가면 된다
팔만대장경도 이정표이다
이정표를 따라 걸으면 저절로 목적지에 도달하는 것이다
부처님법도 이러하다

해탈했다는 생각도 방향이 틀렸다 - 오직 선지식을 따라 가야만 한다

이정표 방향대로 오직 한마음으로 걷고 또 걷는다
망상을 피우다가 방향이 틀어지면 안 된다

생각을 완전히 바꾸는 다리를
한 번은 건너야 한다

길을 따라 걷기만 했는데 해탈문에 도달하였다
다른 길로 가지 않고 멈추지만 않으면
누구나 도달할 수 있다고 한다

한 사람도 빠짐없이 모두 대웅전 앞에 이르렀다
우리의 마음도
대웅전 앞에 이르기를 바라본다

대흥사의 부도전 - 열세 분의 대종사와 열세 분의 대강사를 배출한 곳 답게 그 규모가 상당히 크다

조용하거나 시끄럽거나 간에 남의 일 간섭하지 않고,
그저 나의 몸과 마음에 밴 악습이나 고쳐서
부처 되는 길에 도움을 얻고자
남의 단점도 스승 삼고 남의 장점도 스승 삼으며
살면 되는 것이다.
-대흥사 조실 천운 대종사 -

대흥사는 호국과 차 문화의 성지라고 한다. 이는 서산대사와 초의선사와의
인연 때문이다.

서산대사 … 본래 대흥사는 큰 절이 아니었다.
서산대사와의 특별한 인연도 없었다. 그런데 서산대사께서는 입적하시면서
스님의 의발을 대흥사에 전하라는 유언을 남기시면서 불교의 중심지로 자리
잡게 되었다. 이후 열세 분의 대종사와 열세 분의 대강사를 배출하게 된다.

서산대사의 부도

서산대사는 임진왜란 때 승병장으로 활약한 것뿐만 아니라, 선교 양종을 통합하는 데에도 큰 역할을 하였다. 선은 부처님의 마음이요 교는 부처님의 말씀이라며 선과 교는 둘이 아님을 설파하였다. 서산대사의 저서로는 〈선가귀감〉, 〈청허당집〉, 〈심법요〉 등이 있다.

서산대사는 불교사에서 매우 중요한 인물이다. 살생이 일어나는 전쟁터에 큰스님께서 직접 참여하는 것은 어찌 보면 계율에 맞지 않는 것으로 보이기도 한다. 그런데 불교 어디에도 꼭 그래야 한다는 고정된 것은 없다. 그렇다고 가볍게 아무렇게나 행동하는 것도 아니다. 스님께서는 철저한 수행자로 사셨고, 또 대중 화합을 이루기 위해 최선을 다하셨고, 나라가 위급할 때는 스님이라는 신분을 놓아버리고 나라를 지키셨으니, 필요할 때 필요한 일을 꼭 하시고, 그 이상도 그 이하도 아닌 부처님의 뜻 그대로 산 것이라 할 수 있겠다. 이것을 자유자재한 것이라 한다. 누구도 서산대사 앞에서는 함부로 가볍게 자유자재함을 이야기하지 못할 것이다.

서산대사의 진영   대흥사 박물관에 소장되어 있는 서산대사의 유품들

초의선사의 진영

초의선사 ··· 13대 대종사이신 초의선사가 우리나라 다도에 끼친 영향은 가히 절대적이라 할 수 있다.

초의선사는 불문에 몸담고 있었으나 그 테두리에 그치지 않고 유학, 도교 등 당대의 여러 지식을 섭렵하며 다산 정약용이나 추사 김정희, 자하 신위 같은 학자나 사대부들과 폭넓게 사귀었고 범패와 서예, 시, 문장에도 능했다.

그는 차(茶)와 선(禪)을 하나로 보아 〈동다송〉에서 '다선일미(茶禪一味)'라 표현했다. 초의선사는 또한 차 한 잔을 마시는 데서도 법희선열(法喜禪悅)을 맛본다고 하였다. 차는 그 성품에 삿됨이 없어서 어떠한 욕심에도 사로잡히지 않으며 때묻지 않은 본래의 원천과 같은 것이라 하여 '무착바라밀(無着波羅蜜)'이라 부르기도 했다.

그가 지은 〈동다송〉은 동다(東茶) 즉 우리나라 차에 대한 예찬을 담고 있는 것으로 차의 효능과 산지에 따른 품질, 만들고 마시는 법 등을 담은 우리나라 최초의 차에 관한 책이다.

동다송 한 구절을 소개한다.

一傾玉花風生腋 **일경옥화풍생액**하고 身輕已涉上淸境 **신경이섭상청경**이라
明月爲燭兼爲友 **명월위촉겸위우**하고 白雲鋪席因作屛 **백운포석인작병**이라

옥화 한잔 기울이니 겨드랑이에 바람일어 몸 가벼워 하마 벌써 맑은 곳에 올랐네.
밝은 달은 촛불 되어 또 나의 벗이 되고 흰 구름은 자리 펴고 병풍을 치는구나.

대흥사의 전경 - 일반적인 절의 배치와는 다르게 자유로운 구조로 되어 있다
서산대사와 초의선사의 자유로움을 이어받은 듯하다

법당에 참배 후 예불을 올렸다. 대흥사 주지이신 범각 스님께서 직접 법문을
해주셨다. 스님의 말씀 또한 서산대사와 초의선사에 대한 것이었다. 두 분의
위대함에 대해 말씀하신 후 마음 씀에 대해 말씀하셨다.

그 내용은 다음과 같다.

나를 중심으로 쓰면 악, 남을 위해 쓰면 선 … 삶을 사는 최고의 기쁨은
자비에서 나온다. 불교 공부를 마음 공부라고 하는데, 자기 마음을 어떻게 쓰
느냐가 매우 중요하다. 마음을 쓰는 방법은 복잡할 것이 없이 아주 간단하다.

두륜산 대흥사

주지스님께서 법문을 해주셨다 - 법문은 아주 시원했다

나를 중심으로 쓰면 악, 남을 위해 쓰면 선인 것이다.

그것은 스님들도 마찬가지이다. 불자가 있기 때문에 불교의 삶이 있는 것이니 스님들은 불자를 위해 살아야 한다. 불자들도 마찬가지이다. 그렇게 서로 주면서 사는 세상이 자비심 가득한 행복한 세상이다. 자부심을 가지고 적극적인 신행 생활을 부탁한다.

특히 앞으로는 출가하는 사람이 적어 스님이 부족할 것 같다. 내 자식부터 출가시키는 마음을 내어 보는 것도 좋겠다.

서산대사의 힘찬 기운을 받으셔서일까 스님의 직접적인 법문에서 큰 힘이 느껴졌다. 108 참회기도를 하고 동안거 결재철이라 선방 스님께 대중공양을 올리자고 하여 자비회 회원들의 작은 정성을 모아 공양을 올렸다. 순례할 때 가져오는 음식에는 최대한 오신채를 피하고 냄새가 많이 나는 음식도 피해 줄 것을 당부했다.

점심 공양 후 사찰 안내를 받고, 거대한 와불 앞에서 조별로 사진을 찍었다. 2시10분 5층 석탑에서 탑돌이를 하고, 언제나처럼 낙관을 찍고 염주를 나누었다. 순서는 출석률이 좋은 조부터이다.

대흥사는 진주에서 멀지 않은 곳이라 시간적인 여유가 있어서 성보 박물관의 초의관과 서산관을 둘러보고 초의선사께서 머무셨다는 일지암에 올랐다.

커다란 와불을 배경으로 기념 사진을 찍었다
와불은 대흥사의 뒷산이다
오른쪽 봉우리가 부처님 얼굴 부분이고
가운데 봉우리가 가슴 부분이라 보면 된다

초의 선사께서 40년간 머무셨다는 일지암이다 - 차를 사랑한 선승의 소탈함이 그대로 느껴졌다

약간은 가파른 오르막을 지나자 대웅전과 초막이 나타났다. 편안해 보이시는 스님 한 분께서 우리를 반갑게 맞아 주셨다. 초막 앞에는 조그마한 녹차밭이 있었다. 인원이 많아 차를 한 잔 할 여유가 없는 것이 아쉬웠다.

4시 30분쯤 대흥사를 출발해서 진주로 향했다.

탑돌이를 하고 있다

선도 중요하지만 교도 중요하기에
앞으로는 교의 연구에 마음을 내어야 한다

22.

운악산
봉선사

세조의 비인 정희왕후가
봉선사를 중창하며
심었다는 느티나무로
수령이 500년이다

1. 눈길을 걷는 사람들의 마음이 마치 어린아이로 돌아간 것 같다
2. 누군가 이미 눈을 깨끗이 쓸어 놓았다 - 모두들 안전하게 봉선사로 들어선다
3. 눈길을 걸어서 대웅전 앞마당에 오르고 있다

교종 수사찰 … 봉선사는 고려 광종 20년(969) 법인국사(法印國師) 탄문(坦文)이 창건해 운악사(雲岳寺)라 불리던 절이다.

　조선 제8대 예종 1년(1469), 세조의 위업을 기리고 능침을 보호하기 위해 세조의 비 정희왕후 윤씨가 89칸 규모로 중창하고 봉선사(奉先寺)라 고쳐 불렀다. 봉선사는 선왕의 능을 받들어 모신다(奉護先王之陵)는 뜻이 담겨 있다.

　명종 6년(1551), 문정왕후가 불교중흥정책을 펴면서 강남 봉은사를 선종의 우두머리 사찰(禪宗首寺刹)로, 이곳 봉선사를 교종의 우두머리 사찰(敎宗首寺刹)로 삼고 전국 사찰을 관장하게 한다. 이때 대단위 사찰로 면모를 일신한다. 이듬해 봉선사에서 승과고시인 교종시(敎宗試)가 열리면서 승려교육진흥을 위한 교종의 중추기관이 되고, 명종 17년(1562) 교종 본산이 된다. 그래서 봉선사를 교종 수사찰이라 하는 것이다.

과거 승가 고시를 보았던 자리를 알리는 표시　　　　　　　　　눈이 아주 많이 내려서 발목까지 빠진다.

대웅전의 내부 모습 - 오늘 예불은 큰법당에서 이루어진다

큰법당 … 근대에는 독립운동을 펼치다 30세에 출가한 운허(雲虛, 1901~1980)스님이 동국대 역경원장을 역임하면서 대장경의 한글 번역을 이곳에서 시도, 대중교화에 주력하셨었다.

그 뒤를 이어 현재는 월운 스님이 역경사업과 한글서당을 운영하면서 젊은 인재를 배출함은 물론, 교학 불교에 뛰어난 봉선사의 면면을 살려내고 계시다.

봉선사에 들어서면 운허 스님의 불교 대중화 의지가 담긴 한글 현판 '큰법당'이 붙은 대웅전에 먼저 눈길이 간다.

대웅전에 큰법당이라 쓴 현판이 인상적이다   큰법당의 맞은 편으로 설법전도 보인다

봉선사 주지이신 인묵 스님의 법문

'선'과 '교'는 새의 양 날개 ··· 우리나라의 경우 선은 매우 중시되면서 크게 유행을 하는 반면에 교학은 상대적으로 덜 중시하는 경향이 있으나 이것은 잘 못된 것이다. 선과 교는 새의 양 날개와 같아서 그 균형을 유지하는 것이 매우 중요하다. 선만을 추구하면 대부분 잘못된 방향으로 가기 쉽다. 교만을 추구 하면 너무 관념적으로 치우쳐 실천이 부족할 수 있다. 봉선사는 그런 균형을 맞추는 데 중점을 둔 매우 중요한 사찰이라 하겠다.

봉선사와의 인연 ··· 봉선사에 눈이 곱게 내렸다. 올해 들어 첫눈이다. 마치 범천으로 순례를 온 듯 모두에게 환희심이 가득했다. 10시쯤 도착하여 사시 예불을 올렸다. 예불이 끝나고 주지스님께서 잠깐 동안 법문을 해주셨다.
　부처님의 인연법은 복된 인연을 지어가는 것이고, 지금 108순례 또한 좋은 인 연을 심어 놓는 것이니 봉선사와의 인연을 소중히 간직해 달라는 말씀이셨다.
　108 참회 기도를 하고 잠시 공지사항을 전달한 후에 점심 공양을 하였다.

봉선사 조실이신 월운 큰스님의 법문이 이어졌다 - 모두가 큰 감동을 받았다

날씨가 좋지 않아서 사찰 안내는 법당 안에서 받았다. 2시 50분쯤 월운 큰
스님께서 특별 법문을 해주셨다. 참 감사한 일이다. 큰스님의 힘은 참 대단하
다. 그냥 뵙기만 해도 마음이 열리는 것을 느낄 수 있으니 말이다. 스님의 법
문은 다음과 같다.

우리는 부처의 씨앗 ··· 우리 모두는 부처가 될 수 있는 씨앗이다. 그런데 그
것은 일체유심조라 마음에 달렸다. 일단 부처가 되겠다는 마음을 내야 하고,
수행을 잘 해보겠다는 마음도 내야 한다. 스스로 마음을 내지 않으면 아무도
아무것도 해 줄 수가 없다.

가장 나쁜 것은 내가 나 자신을 무시하는 것이다. 그것은 씨앗을 없애버리는
것과 같다. 스스로를 존중하고, 스스로를 철저히 돌아보며 스스로를 훈련해
가는 것이 가장 바람직한 것이다.

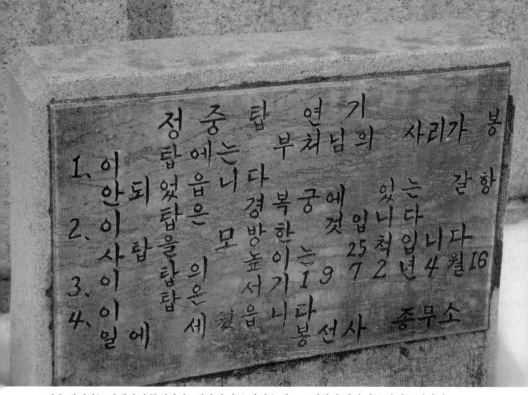

정 중 탑 연 기
탑 에 는 부 처 님 의 사 리 가 봉
1. 이 안 되 었 읍 니 다
2. 이 탑 은 경 복 궁 에 있 는 갈 항
사 탑 을 모 방 한 것 입 니 다
3. 이 탑 의 높 이 는 25 척 입 니 다
4. 이 탑 은 서 기 1972 년 4 월 16
일 에 세 웠 읍 니 다
봉 선 사 종 무 소

탑을 설명하는 안내판이 특이하다 - 대장경 한글 번역을 원으로 세웠던 절인 만큼 안내문 하나에도
한글을 아름답게 쓰려는 노력이 보인다

앞으로 과학이 발달할수록 불교는 더욱 빛날 것이다. 우리가 불교에 들어온 것은 끝없이 커다란 보물 창고에 들어온 것과 같으니, 스스로 그 이득을 챙길 줄 알아야 한다.

신년에는 자고 일어나면 제일 먼저 관세음보살 기도부터 하시라.
이렇게 신년 계획을 잘 하시고,
꼭 실천하시고,
잘 마무리를 하시면 모든 장애들을 이겨낼 수 있는 큰 힘이 생긴다.

스님의 법문에 감사드리며, 모두가 신년 계획을 잘 세워서 잘 실천하고 잘 마무리할 수 있기를 기원했다.

큰 법당 앞에서의 단체 사진 - 모두의 표정이 눈처럼 맑다

　3시30분 사진 찍고, 탑돌이를 하고, 낙관을 찍고, 염주를 나눈 후 진주를 향해서 출발했다. 돌아오는 길에 생각했다. 우리 불교가 선은 끝까지 갔으나 교는 아직 가야 할 길이 멀구나. 대장경의 제대로 된 한글 번역이 아직은 미완성이다. 더 많은 연구와 더 많은 불사가 경전 연구에서 이루어져야 함을 실감한다. 봉선사 같은 곳이 있어서 교학의 맥을 잇고 있는 것은 큰 복이다. 참으로 뜻깊은 순례가 되었다.

탑돌이를 위해 법성게를 독송하고 있다.

눈을 맞으며 탑돌이를 하다 - 진주 사람들에게는 새로운 경험이었을 것이다

새해 첫 순례 봉선사에 도착했다. 게다가 흰 눈이 뒤덮인 봉선사라니...
들뜨는 마음 애써 눌러 본다.
많은 것들이 눈 아래 묻혀 마치 감춰진 이야기들을 생략한 듯 간결해 보인다.
자비회원님 새해 깊은 기운을 받아 올 한해 기운차게 시작해 봅시다.

- 공덕행 보살님 순례 후기 중에서 -

임원진들과 함께   회원들과 함께

석상암

우룡다원

선운사와 동백숲

노스님 수행 마을

일주문

동운암

스스로 만족한 기도를 해야 회향을 제대로 할 수 있다

23.

도솔산
선운사

선운사의 동백 꽃

첫눈 온 선운사의 풍경   시원한 도솔천

아름다운 선운사 … 선운사 하면 첫 번째로 떠오르는 생각이 아름다운 절이라는 것이다. 봄에는 동백과 벚꽃, 여름에는 시원한 계곡, 가을에는 꽃무리와 단풍, 겨울에는 설경이 기암괴석과 어울려 사시사철 경관이 아름답다.

   그래서인지 선운사는 참배와 관광객의 발길이 끊이지 않으며, 시인과 묵객들의 꾸준한 예찬을 받고 있는 것이리라.

선운사의 꽃무릇   선운사의 단풍

선운사의 일주문 - 뒤쪽에서 버스를 내려 계곡을 따라 선운사로 들어간다

천왕문을 지나 선운사 경내로 들어간다　　　　　　　바로 대웅보전에 올라 사시예불에 참석했다

　　　　　　　　　　도솔산 선운사

대웅보전 내부의 부처님 모습이 참 자비로우시다　　　　　　선운사 주지이신 법만 스님

9시 50분에 선운사에 도착하여 바로 법당에 올라 사시예불에 동참하였다. 예불 후에 선운사 주지이신 법만 스님께서 법문을 해주셨다.

법문 내용은 다음과 같다.

초심과 회향 … 초심을 잃지 않는 것이 중요하다. 불교에서도 깨닫고 보면 초발심의 그 마음이 깨달음의 마음이라고 한다. 108순례도 처음 마음 그대로 회향하는 것이 중요할 것이다.

그리고 참회가 중요한다. 간절한 마음으로 기도하는 사람은 업장이 소멸되고 지혜의 문이 열린다. 참회는 청소를 하는 것과 같다. 청소를 하지 않고는 깨끗한 집에 살 수 없듯이. 참회하지 않으면 행복한 삶을 살 수 없다.

그리고 회향이 중요하다. 회향은 작은 것을 돌이켜서 큰 것을 행하는 것이다. 우리는 대부분 큰 문제에 걸려 있는 것이 아니다. 작은 문제에 집착해서 거기에 빠져 해야할 것을 하지 못하고 있는 것이다. 깊이 기도하고 참회를 했으면 가벼운 마음으로 회향할 수 있다. 그렇지만 충분히 기도하지 못하고 참회하지 못하면 회향이 시원하게 되지 않으니 안타까워진다. 회향은 스스로의 마음으로 하는 것이다. 자기만이 자기 기도를 잘 알기 때문이다.

12

1. 사찰 안내를 받고 있다
2. 여러 사람들과 함께 사진을 찍어 주시는 선운사 주지스님

   주지스님의 말씀을 들으며 우리의 순례도 회향이 중요한 것임을 다시 한번 생각하게 되었다.

   11시 15분부터 사찰 안내를 받았다. 선운사에는 여러 문화재들이 보물로 지정되어 있는 것 뿐만 아니라. 동백나무 숲과 송악과 장사송 등이 천연 기념물로 등록되어 있었다. 그만큼 자연경관이 빼어난 곳이다.

   12시 10분 점심 공양을 하고 1시부터 108참회를 하였다. 108 참회를 마치고 잠시 공지사항과 함께 법문을 하였다. 다음달 제주도 순례 일정 및 방법에 대해서 설명하고, 기도 일정들을 알려 주었다.

   그리고 선운사 주지스님의 말씀처럼 기도는 입재도 중요하지만 회향도 중요한 것임을 강조했다. 기도를 열심히 해야만 제대로 회향할 수 있는 것이다.

대웅보전 앞에서의 기념 촬영 - 주지스님께서 함께해 주셨다

날마다 좋은 날 되소서!

이렇게 멋진 곳에서
모두의 표정이 맑은 것은
너무나 당연하다

선운사의 동백나무 숲

도솔암 ··· 2시에 탑돌이를 하고 낙관을 찍고 염주를 나눈 후 2시 40분 도솔암을 향해서 출발했다.

숨이 찰 정도의 거리를 걷고 나자 도솔암이 보인다. 도솔암은 선운사와 함께 백제 때 창건되었는데, 선운사에서 2.2 km 정도 가면 깎아지른 기암절벽의 절경 사이에 자리 잡은 아름다운 절이다. 두 채의 요사채가 딸려 있고, 뒤편 산길에 나한전이 있고, 오른쪽 바위 계단 100여개를 올라가면 내원궁이 앞벽 위에 걸쳐 있다. 내원궁은 상도솔암이라 부르며 지장보살 좌상을 모시고 있다.

도솔 내원궁은 지족천이다. 말 그대로 모든 것에 만족하고 산다는 곳이다. 진정한 지족천이 어딘가를 한번쯤 생각해 보며 살자. 바로 지금 이 순간일 것이다.

선운사에서의 탑돌이

도솔산 선운사

탑돌이 풍경이 아름다운 한 폭의 그림 같다

가벼운 차림으로 도솔암에 오르다

법문을 해주시는 도솔암의 주지이신 종고 스님

도솔암에 도착하자 주지이신 종고 스님께서 반갑게 맞아 주신다.
스님께서 해주신 법문은 다음과 같다

일일시호일(날마다 좋은 날)

날마다 복되고 보람 있는 날이 되기를 기원한다.
내 마음이 평화롭고 즐거워야 모두가 편안하다.
나는 누구인지를 잘 살펴서 남편이나 자식이 아니라
내가 직접 운전하는 라이센스를 따도록 하자.
그래야 남편과 자식도 편안해지는 것이다.

도솔암 오르는 길에 있는 장사송   도솔암의 극락보전을 참배하다

내원궁의 아름다운 경치 (선운사 홈페이지 제공)

4시 10분쯤 도솔암에서 출발하여 섬진강 휴게소에서 잠시 쉬고 진주로 돌아왔다.

매일 올 수는 없지만 이렇게 아름다운 절이 우리에게 있다. 절의 주인은 누구일까. 절의 주지는 관리만 할 뿐이다. 이 아름다운 절의 주인은 그곳을 즐기는 사람이다. 그가 모든 것을 가지는 것이다. 서류로 가진 소유권이나, 내 것이라고 하는 것도 내가 죽을 때는 아무런 의미가 없어져 버린다. 오직 내가 그것과 얼마나 멋진 인연을 맺었는가만 남는 것이다.

그러니 날마다 좋은 날일 수밖에 없지 않은가. 좋은 인연 멋진 인연만으로도 삶은 길지 않다.

내원궁 오르는 길   내원궁을 참배하고 있다

24.

한라산
관음사

불교에는 정해진 형식이 없으니
제주도에서는 제주도의 방식으로 펼쳐진다

1. 제주도를 향한 마음에 모두들 설렌다
    가족과 함께라서 더욱 편안해 보인다

2. 제주도의 버스가 기다리고 있다
    매번 타고 다니던 버스가 아니라 조금은
    생소했다. 삶이 늘 이렇듯 새로운 것에
    길들여 가는 것이다

3. 제주 공항에서 우리를 기다려 준 가이드님

4. 지킬 것을 지키는 습관은 제주도에서도
    마찬가지이다

한라산 관음사

제주도는 독특한 지역이다. … 돌과 바람과 여자가 많은 삼다도, 제주도는 아픔이 참 많은 곳이다. 고립된 섬에서 돌로 된 땅을 일구어 농사를 짓고, 바람이 심한 바다에 의지해 살아야 하는 환경에서 많은 남자들은 죽음과 직면해야 하고, 여자들은 강해져야만 했을 것이다.

남자들을 귀하게 대하는 제주도의 풍습은 이러한 척박한 환경에 적응하는 절박한 방법이다. 스님들이 처음 제주도에 부임하면 무척 당황하게 된다. 육지에서와는 다르게 부담스러울 정도로 스님을 극진히 모시는 것에서도 그렇고, 토속 신앙의 교주와 같은 느낌을 받아서, 이를 극복하고 신도들과 신행생활을 하는 데까지는 꽤 오랜 시간을 보내야 하는 경우가 많다고 한다.

관음사의 일주문 - 제주도의 굳건한 신심을
상징하는 듯 힘차 보인다

부처님의 모습에 제주도의 특색이 살아 있다

일주문을 지나자 천왕문까지
돌로 조성한 부처님 상이 줄지어 있다
현무암으로 이루어져서
제주도만의 독특한 모습이다

이런 경우에 스님들은 어떻게 포교와 수행을 해야 하는 것일까? 제주도민들에게 불교의 정법을 포교하기 위해서 토속 신앙과 아니면 제주도 문화와 한판 전쟁이라도 벌여야 할까?

이러한 곳에서 불교는 어떤 종교에도 없는 참으로 멋진 모습을 보인다.

불교는 본래 어떤 고정된 형식을 가지고 있지 않다.

또한 불교는 본래 어떤 고정된 이론을 가지고 있지도 않다.

또한 부처님은 어떤 고정된 모습을 가지고 있는 것도 아니다.

그러니 실제로는 제주도민에게 무엇을 강요할 것이 없다.

오직 어렵고 척박한 현실 속에서 살고 있는 제주도민들의 본래 불성을 밝히기 위한 방편만이 있을 뿐이다.

근대 제주도 관음사 불사를 위해 안봉려관 스님께서 3년간 관음기도를 하셨던 토굴
- 불교에 대한 어떠한 상도 없다

토굴 안에 모셔진 부처님의 모습이 소박하다

어떤 상도 세우지 않고 … 근대에 제주도 불교를 일으킨 안봉려관 스님께서 수행하셨던 토굴을 보면 너무나 분명하게 불교를 알 수 있다. 이곳 토굴에서 3년간 간절히 관음기도를 하셨다고 한다. 아! 이것이 진정한 불교이다.

어떠한 상도 세우지 않고, 어떠한 주장도 하지 않고, 어떠한 모습도 강요하지 않고, 오직 제주도민의 불성에 간절하게 올리는 기도만으로 불교는 그렇게 전해지고 이어졌던 것이다. 제주도 뿐만 아니라 어느 지역에서도 마찬가지였다. 그래서 중국에는 중국의 불교가 일본에는 일본의 불교가 티벳에는 티벳의 불교가 만들어지면서도 어디에서도 포교를 위한 전쟁이 한번도 없었던 것은 불교가 이렇게 마음과 마음으로 이심전심의 전해짐이었기 때문이다.

> 제주도민의 특성 그대로,
> 그들의 삶의 환경 그대로,
> 그들이 필요한 것 그대로 불교의 꽃을 피우는 것이다.

이런 모습을 대할 때면 너무나 가슴이 벅차서 눈물이 날 정도이다.

이번 제주도의 산사 순례는 2년을 기념하고, 조계종의 교구 본사들을 모두 방문한 것을 마무리하는 의미에서 1박 2일 동안 가족과 함께하는 것으로 하였는데, 이 토굴 한곳만 보아도 그 가치는 충분할 것 같다.

안봉려관 스님에서 시작된 관음사 불사는 그렇게 꽃을 피워서 지금은 제주도의 문화가 듬뿍 담긴 제주도만의 불교를 대표하는 대 관음사가 되었다.

동굴 안에서 밖을 본 모습
- 한 사람이 겨우 들어가서
  기도할 수 있는 공간이다

천왕문을 지나서 대웅전을 향하는 길에도
양 옆에는 돌로 조성된 부처님이 모셔져 있다

남을 도울 것 ⋯ 관음사 주지스님께서는 멀리서 온 사람들을 위해서 공양도
준비해주시고, 법문도 해주시며 극진한 대우를 해주셨다. 이 또한 제주도의
문화가 깊이 배어 있는 느낌이다.
  주지스님께서는 우리 모두는 태어나면서 죽을 때까지 다른 사람의 도움으로
살고 있으니, 언제나 감사한 마음으로 남을 도울 것을 강조하셨다.
안봉려관 스님의 모습과 같이 스스로의 상을 세우지만 않는다면 저절로 그렇
게 될 것이다.

법문을 해주시는 관음사 주지이신 원종 스님

대웅전을 참배하고 주지 스님께서
준비해 주신 공양을 위해서 공양간으로 향했다

제주도의 전통적인 모양을 따른 석탑

대웅전 아래 돌계단
- 이런 계단은 제주도에만 있을 것이다

많은 인원의 공양을 준비하느라
관음사 신도님들이 아침부터 많이 분주했을 것이다
- 그 따뜻한 마음을 느끼며 맛있게 공양을 했다

관음사 만불전 앞에서의 기념촬영
- 아직도 부처님을 조성하는 중이라고 한다
- 관음사는 온 도량이 부처님으로 가득한 것 같다

　관음사에서 108 참회를 하고 사찰 안내를 받으며, 육지에서 보던 절들과는 많이 다른 제주도만의 절을 무척 유쾌하게 감상하였다. 역시 돌이 많은 곳이라 돌로 조성된 부처님을 많이 모시고 있었다. 그 규모가 육지에서는 상상할 수 없을 정도로 컸다.

불사리탑의 입구

불사리탑 - 인도에 있는 부처님 사리탑인 산치대탑을 연상시킨다

관음사의 일정을 마치고 불사리탑을 향했다. 불사리탑은 인도에서 부처님의 사리를 모셨던 산치 대탑과 유사하다. 고관사 주지였던 도림 스님께서 10여 년의 노력 끝에 완공하신 곳인데, 제주도민의 불교 사랑이 얼마나 큰 지를 바로 느낄 수 있었다.

이곳에서 탑돌이를 하고 염주를 나누어 주었다.

불사리탑의 내부
- 약사여래불을 모시고 있다

불사리탑 앞에는 사경한 법화경 10만 권을 봉안한 탑이 있다

395

불사리탑에서의 탑돌이

불사리탑에서 탑돌이를 하고 염주를 나누어 주었다

약천사 가는 길에 들렀던 새섬 앞에서 즐거워하는 모습들

아름다운 제주도 ··· 이어서 고관사를 잠시 들러 참배를 하고 제주도 첫날의
최종 목적지인 약천사로 향했다. 중간에 새섬이라는 곳을 잠시 들렀는데 제
주도의 아름다운 풍경을 한껏 감상할 수 있는 곳이었다.

약천사의 입구 - 해 질 무렵

약천사 … 동양 최대 규모의 법당이라는 수식어가 붙은 대적광전이 있다. 그 규모가 엄청나서 보는 것만으로도 가득한 신심이 느껴진다. 다시 한번 제주 도민들의 불교에 대한 애정을 깊이 느낄 수 있었다.

약천사를 향해서 가고 있다
- 멀리 거대한 대웅전의 모습이 보인다

대적광전 내부에 모셔진 비로자나불의 규모가 엄청나다 - 신심이 저절로 일어나는 듯하다

동양 최대 규모라는 약천사의 대웅전이 보인다

동양 최대 규모의 대적광전이 멋지다
- 공양을 마치고 저녁 예불을 위해 대웅전에 오르고 있다
- 밖에서 보면 3층 건물이지만 내부는 한 공간으로 되어 있다

약천사가 우리들의 숙소이다. 저녁 공양을 하고 방 배정을 받은 후 저녁 예불을 올렸다. 약천사 주지스님께서 법문을 해주셨다. 주지스님께서는 몸과 말과 생각으로 모두 복을 지을 것을 당부하셨다. 좋은 일을 하고, 좋은 말을 하고, 좋은 생각을 한다면 그것이 곧 관세음보살일 것이다.

제주도에서의 1박 2일은 아주 특별한 순례이다. 많은 대중이 함께 기도하고, 공양하고, 함께 한 방에서 잠을 잔다는 것은 다겁생에 아주 특별한 인연이었을 것이다.

그래서 제주도에서 포교활동을 열심히 하는 오성 스님께 특별 법문을 부탁하였다.

오성 스님께서는 매 순간순간 내 위치와 내가 무엇을 하고 있는지를 알아차리라고 하셨다. 삶은 순간순간 변하는 것이니, 그 순간순간 관세음보살을 계속 찾아 보면 삶의 원이 바탕에 자리 잡고 기도 성취를 이룰 수 있다고 하셨다.

나의 도반인 오성 스님. 함께할 도반이 있어 행복하다

스님들의 법문을 가슴에 담고 신묘장구대다라니 기도를 올렸다.
　기도를 마친 후 몇 가지 공지 사항을 전달하고 모두가 숙소로 돌아가서 약천사에서의 잠을 즐겼다.

경건한 마음으로 예불을 올리고 있다

약천사에서의 공양 - 스님께서 직접 배식을
해주시는 것이 인상적이다

102명 회원 전체가 함께 하루를 보낸 대중방

제주도에서의 새벽 기도 ··· 다음날 4시 30분 모두가 약천사 대적광전에서
새벽 예불을 올리고 참선을 하였다. 제주도에서의 새벽 기도는 말로 표현할 수
없는 환희심으로 기억에 남을 것이다.

국내 최대 규모라는 약천사
우뚝 솟은 모습이 무척 장엄했다.
모든 것 다 품어 줄 수 있을 듯한 그 웅장함.....
약천사 새벽기도는 말로 표현할 수 없는 감탄이었다.
감사합니다.

- 1조 여래심 보살 후기 중에서 -

새벽의 약천사 - 약천사에서의 새벽 예불을
많은 이들이 오랫동안 기억했다

6시 30분 아침 공양을 하고, 약천사와의 아쉬운 이별을 한 후 제주 올레길에 이르렀다. 바다와 계곡과 들판과 꽃과 바람이 어우러진 길을 걸으며, 몸도 마음도 발걸음도 그렇게 가벼울 수 없었다. 서방정토 극락 세계가 마치 이곳인 것 같다. 서귀포라는 이름도 서방정토 극락세계에 귀의한다는 뜻이라고 한다.

다음 일정을 위해서 약천사의 앞마당에 일찍 모였다

　　　　　　한라산 관음사

자연의 아름다움을 마음껏 느낄 수 있는 제주도 올레길

올레길을 마음껏 즐기고, 9시쯤에는 산방산 산방사에 도착하였다.

산방사에는 높이 9.09m 무게 60톤의 제주도 최대 크기의 해수 관세음보살이 태평양을 내려다보며 서 계신다. 마치 파도 치는 중생의 마음을 바라보고 계시는 듯하다. 제주도는 육지에 비해서 그렇게 많은 사람들이 사는 곳도 아니고, 그렇게 부유한 곳도 아닐 것이다. 제주도의 절을 보면 결국 불교의 중흥도 그 마음으로부터 비롯된다는 것을 잘 알겠다.

파도 치는 마음을 관세음보살의 원력으로 잠재우고, 해인 삼매를 이루어야 함은 모든 이들이 세워야 할 원력일 것이다.

산방산 앞에서 송학사 카페 문지기님(가운데)

한라산 관음사

산방사 약사여래불 아래에서
여여심 보살님과 함께

태평양을 내려다보고 있는 해수관음보살

관음보살이 내려다보고 있는 바다가
마치 나의 마음 같다

산방산 산방사를 나와서 제주도의 주요 관광지인 설록원과 유리의 성을 거쳐서 소인국에서 한식 뷔페 점심 공양을 하였다. 유리의 성을 보면서는 마치 우리의 마음이 유리의 성 같다는 생각을 했다. 속이 훤히 들여다 보이는 투명한 유리 궁전 속에 온갖 아름다운 것들이 한껏 꾸며져 있으니 말이다.

점심 공양을 마치고 천황사에 올라 참배를 하였다. 한라산의 아름다운 계곡에 위치한 천황사로 오르는 편백나무 숲길은 너무나 멋졌다.
천황사를 내려와 제주도 특산물 쇼핑을 하고 공항으로 향했다.

2주년을 기념해서 가족들과 함께 제주도 관광을 겸한 이번 순례는 제주도의 불교를 이해하는 매우 새로운 형태의 순례가 되었다.

설록원의 차나무

설록원의 입구에서

유리의 성에서

유리의 성 내부
- 아름다운 유리 공예품들로 가득하다

유리로 꾸며진 바닷속 풍경

천황사 대웅전 참배를 위해 올라가고 있다

몇 번을 와 본 제주도이지만 가는 곳마다 첫 만남이다.
순간순간 놓칠세라 아픈 몸을 이끌고 안간힘을 쓴 것 같다.
약천사의 새벽기도는 영원히 기억할 것이다.
텅빈 속, 텅빈 마음,
"아무것도 갖지 않을 때 비로소 온세상을 갖게 된다." 는
법정스님 무소유의 또 다른 의미를 되뇌어 보았다.

- 3조 공덕행 보살 후기 중에서 -

천황사 대웅전의 내부

순례 후기

7년 개근상을 받은 자비회 회원님들
(왼쪽부터 마하연, 불도화, 여여심, 심진행, 심신월, 견성인, 보문행, 진불성, 수심행 보살님)

간절한 마음에서 나오는 신비한 현상들

불교에는 많은 신비한 이야기들이 있다. 어떤 것들은 혹시 지어낸 것이 아닐까 라는 의심이 들기도 한다. 그러나 누구든 그 현상을 체험하고 나면 그것이 매우 명확하며, 분명한 현상이라는 것을 알게 된다. 단, 그러한 현상에 떨어져서 집착하는 것은 경계해야 한다.

성지 순례를 다니다 보면 매우 신비한 일들이 많이 생긴다. 단, 실제로는 절대로 신비한 현상이 아니라, 인과에 의한 매우 당연한 일인 것이다. 그 마음이 얼마나 간절했으면, 또 얼마나 순수했으면 그렇게까지 될 수 있을까?...

우리 마음의 가능성은 무궁무진하다.

산사 순례에서는 그것을 배우는 것이다.

....

송학사 108산사 순례를 생각할 때면 왠지 토끼와 거북이 경주가 생각 났다.

토끼 목표는 거북이 이기기, 거북이 목표는 산꼭대기...

그래서 토끼는 잠을 자든 말든 느리다고 놀리고 흉을 보든 말든 거북은 묵묵히 산꼭대기를 향해 올랐기에 목표를 달성할 수 있었다는 이야기가 내 가슴에 와 닿았다.

아주 어린 시절, 여섯 살에 엄마와 함께 절을 따라다닌 것이 부처님과의 인연이 되어 지금까지 절을 좋아하게 되었다. 전국에 있는 절을 살아생전 다 다니고 싶어서 남편과 약속을 하고 실행했지만 몇 절 다니지 못하고 일들이 우선이 되어버려 포기를 했었다. 그러던 2008년 3월 어느 봄날, 송학사에서 108산사 순례 회원을 모집한다는 구전광고를 듣고 '나를 위해 이 순례가 만들어졌구나.' 싶었으며 무슨 일이 생겨도 108순례만은 회향할 때까지 한 번도 빠지지 말자고 내 자신과 굳은 약속을 했다. 혹 죽을 만큼 아프더라도 순례하다 죽자 라는 각오를 하였다.

순례 때면 염주 한 알씩을 끼우며 명품 목걸이로 완성될 생각에 목에 걸고 행복 도가니에 빠져 보곤 하였다. 이 귀한 염주는 단 한 번에 뚝딱! 하는 복권이 아니기에 이렇게 한 달 한 달 마음의 적금을 넣고 있는지도 모른다. 하지만 매달 빠지지 않고 간다는 것이 쉬운 일은 아니었다. 일가친지 및 주위 지인들의 경조사도 있고, 직장생활에 꼭 그날 받아야 할 교육도 있고, 또한 행사며 학교를 다니고 싶은 욕망까지... 모든 것을 뿌리치고 오직 108 산사 순례를 제일 우선순위로 두어야만 가능한 일이었다. 혹 맘이 많이 흔들릴 때면 주사를 한 대 맞고 자신감을 얻어 순례길에 오르기도 하고, 절에 미쳤다는 소리 듣지 않기 위해서 주위 사람들에게 더 잘하려고 더욱 부지런하게 움직였다.

지금은 모든 분들이 나의 순례부터 챙겨주신다. 순례를 함께 출발하지 못했던 때, 남편은 운전 못 하는 나를 태우고 그 먼 곳까지 네 번씩이나 데려다 주었었다. 순례하는 날이면 나보다 먼저 일어나 준비해 주시는 남편이 항상 고맙고 감사하다.

아마 거북이의 목표가 토끼에게 이기겠다는 것이 아니라 오로지 저 산 꼭대기였듯이, 나 또한 108 산사 순례 회향할 때까지 빠지지 말자 라는 간절한 목표가 있었기에 거북이처럼 그곳을 향해 묵묵히 갈 수 있었는 지도 모른다.

순례 중간쯤이었을까 이런 신기한 날이 있었다. 허리가 너무 아파서 짐승처럼 기어 다니며 치료를 받았지만 호전 되지를 않았다. '내일은 순례를 가야 하는데' 하며 울면서 간절하게 기도를 하다가 잠이 들었다. 그런데 꿈속에서 아주 키가 큰 여자분이 방으로 나를 불러 눕혀 놓고 침을 놓기 시작했다. 그것이 끝난 후 옆방으로 안내를 했다. 그쪽 방에서는 보통 키에 통통하게 생기고 인상이 후덕한 분이 나의 몸을 마사지해 주었다. 그 치료가 끝나고 소변이 너무 급해 화장실로 뛰어갔다. 순간 난 깜짝 놀랐다. 전날 밤까지 움직이기도 힘들었던 내 몸이었는데 아픈 곳이 없었다. 그리고 새벽에는 여느 때처럼 감사한 마음으

순례 후기

로 순례를 함께할 수 있었다. 아하! 사람은 간절히 간절히 원하고 기도하면 분명 이룰 수 있구나. 기도의 효험이 바로 이런 것이로구나.

난 지금도 몸이 아프면 '그분이 누구신지는 모르지만 또 내 꿈에 오셔서 치료해 주시면 얼마나 좋을까' 하고 생각하지만 그분은 그 후로는 나타나지 않으셨다.

하지만 산사 순례를 다니면서 여러 다른 경험들을 하게 해 주셨다.

난 항상 감사한 마음으로 다니고 있다. 이 모두가 스님 덕분이라고 생각한다. 스님 덕분에 우리 송학사 108 산사 순례단 회원들은 벌써 부처님께 행복 보증수표를 받은 사람들이다. 순례하다 보니 불심은 소복소복 쌓여져 가고 긍정적인 마인드와 배려 속에 아주 체계적이고 단합된 모습을 보이면서 우린 송학사 해피클럽 순례단이 되었다.

이 모두가 강직하고 원칙적이며 추진력과 열정으로 똘똘 뭉친 향록 스님 덕분이며 또한 스님을 도와주시는 임원들과 회원들 덕분이다.

존경하는 우리 스님! 108 산사 순례 회향할 때까지 저의 손 놓지 마시고 건강하셔서 큰 버팀목이 되어 주시길 빕니다.

······ 진불성

많이 아프신 중에도 밝은 모습으로 말씀하시는 진불성 보살님 - 행복은 가까이에 있는 것이다.

한 달에 한 번 출가하는 행복

출가는 참 행복한 일이다. 출가의 인연이 있는 사람들은 그것을 너무나 잘 안다. 마하연 보살님은 실제 출가를 하지는 못했지만 그 환희로움을 누구보다 잘 알고 있다.

많은 이들이 출가에 대해서 여러 가지 오해를 하지만, 실제 해보지 않고 어떻게 알겠는가. 조금 편안하게 표현을 하자면 모든 것을 내려놓는 것이라 할 수 있다.

모든 것을 내려놓으면 온갖 고통이 사라지고 지혜의 문이 열린다. 내가 사는 자리 자리가 극락 정토가 되는 것이다.

내려놓고 마음을 비우면 지금 이 자리가 행복의 자리이다.

산사 순례에서는 그것을 배우는 것이다.

··

또르륵 똑 또르륵 똑····

새벽 5시, 천수경 금강경 팔양경 차례로 녹음 테이프를 틀어 놓으시고 아침을 맞이하시던 아버지··· 어린 시절, 독경을 하시는 아버지께 책을 그냥 읽지 왜 이상하게 읽으시냐고 물었던 적도 있었다.

부처님과의 인연은 그렇게 시작되었고 20대 불교 청년회 때 송광사 철야 수계법회를 간 일이 있었다. 그때 건강이 좋지 않으셨던 아버지를 모시고 갔으는데 좌담 시간 누군가 아버지께 질문을 했다. 만약 따님이 출가를 한다면 어떻게 하시겠느냐고···

아버지께서는 생각할 여지없이 내 딸이 출가를 한다면 삼배를 하고 스님으로

모시겠다고 하셨고 잠깐의 침묵 끝에 박수가 터져 나왔다

마음은 있었지만 그래도 의외의 말씀에 속으로 조금 놀라긴 했었다

이듬해 아버지께서 돌아가시고 다니시던 시골 작은 암자에 상량식이 있었다. 21일간 기도에 들어가는 스님과 함께 기도를 시작했고 그즈음 출가를 생각하며 나름대로의 계획을 세웠었다.

하지만 어머니의 불심도 깊다 생각했었는데 아버지만은 못했던 것 같다.

지금 생각하면 전생에 지은 내 인연이 거기까지밖에 미치지 못했으리라.

송학사 108산사 순례단 자비회...

매달 한 번씩 9년 동안 108번을, 하루에 한 사찰씩을 순례한다는 기획은 참 신선하게 다가왔다.

지금까지의 순례는 삼사 순례...

하루에 세 곳의 사찰을 둘러보는 것인데 꽤나 바쁘게 움직여야 하고 기억에 잘 남지도 않았다.

참으로 큰 기대감과 설레임으로 기다려졌다. 어쩌면 내가 출가하지 못했던 그 아쉬움을 9년간 한 달에 한 번 108번의 출가를 하는 것으로 대신한다는 생각이 들었다. 가슴이 마냥 뛰었다.

내가 과연 108번의 순례를 한 번도 빠지지 않고 끝까지 할 수 있을까 우려도 되었다.

순례 하루 전날에는 언제나 인터넷으로 순례할 사찰의 유래도 찾아 보고 전각도 둘러보며 내일 하루를 위한 나만의 계획을 세웠다.

부처님께 무사히 순례가 이루어지도록 기도도 올렸다.

순례 때면 언제나 듣게 되는 환희심 가득한 큰스님들의 법문,

버리지 않으면 새로운 무언가를 얻을 수 없고 비우지 않으면 꽉찬 욕심에 행복을 느낄수 없음을 언제나 말씀하신다. 쉽진 않지만 한 달에 한 번만이라도 버리고 비우고 한바탕 작은 허물을 벗어 본다.

높으신 법문을 언제나 마음으로 새기지만 행동은 늘 기대를 따르지 못해 아쉽다. 하지만 새로운 한 달이 시작되면 언제나 내 생활의 1순위는 순례로 정해지고 그것이 나에게는 큰 행복이다.

거기엔 우리 가족의 배려가 한몫을 하기에 마음으로 늘 고마움을 느끼며 편안히 순례를 준비한다.

언제나 길잡이가 되어 주시는 주지스님 그리고 같이 할 수 있는 도반이 있어 더욱 행복하다

지금 이 순간에도 나는 한 달에 한 번 출가를 생각하며 다 함께 회향하는 행운을 기도한다.

…… 마하연

평생 잊을 수 없는 대장경의 인연 - 부처님의 가피였다.

순례 후기

향록 스님

with
108 산사 순례
프로젝트

산 사 순 례 는 신 나 는 수 행

초판발행	2016년 3월 31일
지은이	향록 스님
발행인	이상미
발행처	도서출판 도반
편 집	김광호
디자인	황지영, 이시현
송학사 카페	http://cafe.naver.com/songhaksa
	(네이버에서 '진주 송학사'를 검색하세요.)
송학사 주소	경남 진주시 모덕로 69-2
출판사 전화	031) 465-1285
출판사 메일	doban0327@naver.com
출판사 주소	경기도 안양시 만안구 안양로 332번길 32
ISBN	978-89-97270-20-0 (04220)
	978-89-97270-24-8 (세트)